Photos de couverture : © Pixalpes.

Tous droits de traduction, de reproduction et d'adaptation réservés pour tout pays.

© 2020 Leloir, Sylvain

Édition : BoD - Books on Demand,

12/14 rond-point des Champs-Élysées, 75008 Paris

Impression : Books on Demand, Norderstedt, Allemagne

ISBN : 978-2-3221-9093-5

Dépôt légal : Janvier 2020

Sport Addict

Sport Addict

Une passion dévorante

Sylvain Leloir

sylvain.sport.addict@gmail.com

Préface

« C'est moi, c'est vous, Je représente le sportif normal »

Cette phrase fortement inspirée d'une célèbre chanson de Big Flo et Oli colle parfaitement au but de ce livre.

Je ne suis pas un champion du monde de football, un champion de tennis gagnant plus de dix fois Roland-Garros ou encore un extraterrestre du trail gravissant le Mont-Blanc en courant. Je ne suis même pas un champion régional ou départemental mais je me lance dans l'écriture d'un livre pour raconter l'histoire d'un sportif ordinaire. L'argent démesuré du sport, les médias, les soirées mondaines sont bien loin de mon quotidien. Ce livre est le livre de nous tous, les sportifs qui vivons notre passion en conjuguant une vie familiale et une vie professionnelle en parallèle.

Marié, père de deux filles et consultant en informatique, je suis un vrai passionné de sport. Avec une fibre scientifique, rien ne me prédestine à écrire un livre même si j'ai toujours eu beaucoup d'imagination pour les poèmes à destination de mon épouse ou lors de l'écriture d'une nouvelle pour un concours à l'école.

Mais l'envie de partager est trop forte, de laisser un souvenir à mes enfants, mes futurs petits enfants de ce qu'a été ma vie de sportif jusqu'à aujourd'hui. Peut-être aurai-je la chance de croiser un inconnu en train de bouquiner ce livre sur la plage ce qui sera ma plus belle victoire.

Le sport n'a pas toujours fait partie de ma vie mais une fois que celui-ci a été injecté dans mes veines, il m'a lentement contaminé. Sans vaccin contre ce virus mais avec de bons anticorps, j'ai réussi à repousser cette contamination à ses débuts mais la lutte était perdue d'avance. J'ai bien essayé différents traitements pour m'en débarrasser mais rien n'y a fait et il revient de plus en plus fort pour arriver à son paroxysme lors de ces deux dernières années. Je n'arrive plus à lutter contre cette addiction pour mon plus grand bonheur.

Ce livre vous raconte cette histoire d'amour qui commence par un simple flirt avant de devenir obsessionnelle et qui va m'amener à vivre des aventures extraordinaires. Je vous invite à vous plonger dans mon quotidien de sportif et à vibrer avec moi.

Je dédie ce livre à Ingrid l'amour de ma vie et mes adorables filles pour leur soutien infaillible malgré mes différentes addictions qui jalonnent ma vie, mes parents pour leur accompagnement dans les épreuves sportives même encore à bientôt 40 ans, ma sœur, mes ami(e)s qui sont constamment en train de m'encourager, la grande famille du club d'athlétisme de Péronne, mes clients qui me permettent de concilier sport et travail, mes plus fidèles partenaires d'entraînement Cloclo, David et Christophe. Je dédie ce livre à tous les sportifs et les sportives ainsi qu'à tous les organisateurs et les bénévoles sans qui nous ne pourrions pas vivre de telles aventures.

Sylvain LELOIR

Sas de départ

10 Juin 2019,

Deux jours après la fin de l'Alpsman, un triathlon XXL, je décide d'écrire ce livre pour raconter l'histoire d'un mec ordinaire qui s'est pris de passion pour le sport au fur et à mesure de sa vie jusqu'à aller à l'épreuve ultime du triathlon.

J'ai pris l'habitude d'écrire un petit récit pour les copains du club d'athlétisme de Péronne après les grosses épreuves auxquelles j'ai eu la chance de participer pendant les deux dernières années. A chaque fois, des retours remplis de tendresse de ces personnes ressentant l'émotion qui me traverse durant ces épreuves et un jour un message d'Isabelle me disant qu'il ne me reste plus qu'à écrire un livre. Etonnant car cette idée m'avait traversé l'esprit au lendemain de cette épreuve légendaire.

Donc je décide de me lancer dans ce nouveau défi pour partager ma passion pour le sport. Mais l'écriture d'un petit récit de quelques lignes n'est pas tout fait la même chose que l'écriture d'un livre sur ma vie sportive. Je vais mettre toute mon énergie dans ce projet comme je le fais lorsque je prépare une épreuve. L'écriture est ma préparation et la publication est ma compétition avec sa part d'incertitude.

A travers ce livre, j'espère vous :

- Faire vivre toutes les émotions que j'ai ressenties durant ma vie sportive particulièrement lors de mes deux dernières années durant lesquelles je me suis lancé des défis de plus en plus fous.
- Tenir en haleine lors des différentes épreuves.
- Faire rire avec toutes les anecdotes qui font mon quotidien.
- Donner envie de vous lancer dans des défis que vous ne pensiez pas pouvoir réaliser un jour.

Ce récit est l'histoire d'un mec, que l'on croise tous les jours dans la vie, qui s'est lancé à fond dans sa passion, le récit d'un « sport addict », champion aux yeux de certains mais inconnu aux yeux de tout le monde.

Chapitre 1

Le tournant

« L'homme qui a le plus vécu n'est pas celui qui a compté le plus d'années, mais celui qui a le plus senti la vie »

Rousseau

Enfin...

5h du matin, je suis à bord du bateau de croisière, le Libellule, pour une traversée du Lac d'Annecy. Je ne suis pas un touriste, victime d'une insomnie, voulant profiter de la magie des premiers rayons de soleil dans ce cadre majestueux. Je suis dans la peau d'un triathlète. Je vais me lancer dans l'un des triathlons les plus difficiles de France. Le bateau nous amène au centre du lac pour le départ de l'épreuve. Avec Cloclo et Jérôme, nous nous sommes mis à l'écart en profitant du ponton extérieur. La traversée est rapide mais j'ai le temps de repenser à mon retour dans le monde du sport, dans les compétitions, et surtout aux derniers mois consacrés à la préparation pour entrer dans la légende. La musique, de plus en plus forte, me ramène à la réalité. Le départ est tout proche. Nous nous encourageons et nous nous donnons rendez-vous dans quelques heures au sommet du Semnoz. J'ai peur du saut depuis le bateau puis de la traversée du lac en nageant. Mais je suis surtout terrifié à l'idée de me lancer vers l'inconnu d'une épreuve XXL...

7 ans auparavant, je suis loin de m'imaginer réaliser une épreuve de cette envergure. Le sport n'est plus ma préoccupation majeure sauf si le eSport est considéré comme une

discipline à part entière. Je suis un sportif du Dimanche avec quelques randonnées VTT mais rien de plus. La compétition, qui était mon leitmotiv, n'est plus d'actualité. Marié, papa d'une petite fille et avec des trajets quotidiens importants, je n'ai plus le temps et le courage de pratiquer le sport de façon intensive.

Mais à l'aube de mes 30 ans, je n'ai pas le choix de cesser toute activité physique. Un stupide accident de moto m'oblige à rester cloîtré à la maison. Les séquelles physiques sont peu importantes. Mais le choc va réveiller le sportif compétiteur qui sommeillait en moi depuis mon coup de foudre pour mon épouse.

Une addiction en chasse une autre

Après deux mois à tourner dans la maison, je suis enfin libre de pouvoir reprendre une activité physique. Cette cure de deux mois sans la moindre dose de sport aurait pu me couper de tout désir de reprise. Mais c'est totalement le contraire qui se passe. Quelques heures après ma dernière visite à l'hôpital, je suis en tenue de cycliste prêt à remonter sur le vélo.

Je me revois à l'âge de 13 ans quand je débute dans le monde du cyclisme accompagné par mon papa. Je commence tout doucement pour le plaisir afin de partager des sorties entre père et fils. Puis, je deviens un véritable cycliste addict après l'obtention du bac. Tout mon temps libre durant mes études d'ingénieur est consacré à cette discipline. Je fais le métier comme nous disons dans le jargon. Je suis un véritable cycliste avec deux périodes bien distinctes dans la saison.

L'hiver est dédié à l'entraînement foncier avec des sorties lentes pour accumuler des kilomètres, de la musculation en salle et surtout des javas ! L'alcool, la cigarette et quelques substances pas très légales font partie de ces soirées nocturnes de la semaine, les zinzins et celles du week-end. La prise de poids est importante car le régime alimentaire n'est pas très orthodoxe. Mais le dimanche matin, je suis sur le vélo même après quelques heures de sommeil. C'est la période de l'année où les cyclistes se lâchent car nous savons que le moment venu nous abandonnerons tous ces extras.

Le reste de l'année est la saison cycliste totalement dévouée à ce sport exigeant avec l'abandon de toutes les sorties, des aliments inutiles, de l'alcool, ce qui entraîne une perte de poids importante avant d'attaquer les premières compétitions.

Mon plat favori afin d'éliminer les excès hivernaux est de la soupe à la tomate. Ce régime conjugué à un entraînement de plus en plus volumineux implique une perte de poids radicale. L'écart est de dix kilos entre mon poids de cycliste non affuté et celui lorsque je suis sec. A cette époque, je descends jusqu'à 57 kilos pour 1m77, donc je suis très affuté. Je m'amuse à faire quelques places sur les courses départementales et régionales. Puis, j'arrête tout naturellement quand je rentre dans la vraie vie.

La musculature et la pilosité de mes jambes n'a plus rien à voir avec mes années cyclistes. Le plâtre efface définitivement toute trace d'un passé sportif. Mon mollet droit est devenu très poilu et surtout ridicule. Je n'ai plus du tout de souplesse au niveau de la cheville mais je n'en peux plus. Je pars faire une petite sortie à vélo. J'attrape une crampe au bout d'à peine 10kms mais je continue en pédalant comme je peux. Je viens de faire une sortie d'à peine une heure et je suis un homme heureux qui a eu sa petite dose d'endorphine.

Je reprends le travail immédiatement mais je ne peux pas encore pratiquer le sport avec mes collègues le midi. Je dois patienter en attendant que les séances de kiné fassent effet. Mais le monde virtuel ne m'intéresse plus. La console portable, qui accompagnait mon déjeuner, reste au fond du sac.

Une reprise difficile

Dès que ma cheville est apte, je me mets à une nouvelle discipline, le running. J'ai déjà couru de temps en temps quand le timing était trop serré pour la pratique du cyclisme mais jamais de façon assidue. Le vélo m'a toujours plus attiré mais mes collègues courent le midi donc je suis le mouvement avec mes premières foulées en 2012.

Chaussé de tennis qui trainent à la maison, un short classique, un t-shirt en coton et d'une simple montre pour suivre mon chrono, je me lance pour mon premier running avec un départ du stade de Valenciennes en direction d'un petit parc avec un long faux plat montant pour le rejoindre. Cette petite côte me semble interminable et je suis lâché très rapidement. Je viens de parcourir deux petits kilomètres et je suis lessivé.

Mon inactivité durant deux mois et ma pause amoureuse ont eu raison des acquis de toutes mes années sportives. J'arrive tout de même à courir sans faire de pause mais mon rythme n'est pas très rapide et loin du niveau de mes collègues. Le vélo et la course à pied sont deux sports complémentaires mais pas totalement identiques au point de vue musculaire. Mais je me prends au jeu et je ne suis pas prêt de m'arrêter.

Les entraînements passent rapidement d'une à cinq séances par semaine avec du vélo de temps en temps le week-end. Petit à petit, le running trouve sa place dans ma vie et je deviens de plus en plus addict à cette discipline. Un collègue de travail, Mohammed, emboîte mon pas et nous progressons ensemble. Nous avons tous les deux le même état d'esprit, en voulant participer à des compétitions rapidement.

Au fil des semaines, je suis de plus en plus à l'aise et je commence à pouvoir suivre les meilleurs du groupe qui sont des machines avec des chronos sur marathon de moins de 3h15. Nous terminons régulièrement nos séances par un petit sprint mais je ne suis pas encore en mesure de lutter.

Nous passons de très bons moments et je deviens très vite le plus accroc du groupe. L'addict est de retour avec l'achat de chaussures de running dans un magasin spécialisé et l'abonnement à un magazine pour suivre des plans d'entraînement.

Je me familiarise avec le jargon du running : allure, VMA, fractionné, endurance... Les entraînements sont plus structurés qu'à l'époque où je pratiquais le vélo avec une spécificité pour chaque séance : fractionnés courts, longs, aérobie, récupération... Ce sport me plait car il suffit de quarante-cinq minutes à une heure pour faire un entraînement complet alors que le vélo demande nettement plus de temps. Cette discipline permet de concilier facilement sport, travail et vie de famille. Le compétiteur a trouvé un nouveau sport pour s'exprimer.

Les premières fois

A peine trois mois que je m'entraîne et je regarde déjà le calendrier des courses sur route. Le sport « plaisir » de ces dernières années est fini et fait place au sport « performance ». Les premières fois dans notre vie sont des événements marquants comme notre premier baiser, premier amour... et la participation à ma première course reste ancrée dans ma mémoire.

Je débute par une petite distance le 10kms qui est ma distance de prédilection. Je me rends à Douai où la foule est impressionnante. Le nombre de participants n'a rien à voir avec le nombre de cyclistes présents sur les courses. Là où il est difficile de réunir 100 concurrents sur une course, je me retrouve au milieu de 1000 participants. Le running a deux facettes : le côté compétition avec ceux qui sont là pour le chrono et le côté fête avec des participants qui viennent concourir pour le fun sans aucune pression. Je suis un peu perdu au milieu de cette foule qui s'agite en attendant le départ.

Je ne suis pas dans les premiers sur la ligne de départ qui est noire de monde. Je suis venu pour faire un chrono donc je copie certains concurrents en m'avançant au plus près de la ligne et en passant au-dessus des barrières. Ça n'est pas très fair-play mais je n'ai pas envie de piétiner au départ, slalomer entre les concurrents et finalement faire un chrono médiocre. Je me rassure en discutant avec un concurrent à côté de moi qui se demande si on ne s'est pas mis trop près.

Le coup de feu retentit et je me lance à toute allure sur ce 10kms. Je croise les premiers au grès du parcours et je suis impressionné par leur vitesse. Je ne vais pas au même rythme mais je suis emporté par les autres coureurs et mon départ est trop rapide. Je suis euphorique mais mon corps me rappelle à l'ordre au bout de deux kilomètres et je ralentis naturellement pour terminer mon premier 10kms en un peu moins de 45 minutes. Je suis heureux et je viens de terminer ma première course dans un super temps.

Plus de dix ans que je n'avais pas touché à la compétition et il a suffi d'une fois pour replonger dans cette adrénaline qu'on ne retrouve que le jour des courses. La petite boule au ventre, la peur de ne pas réussir et la délivrance sont les ingrédients qui font que la course est toujours un plat délicieux.

Je vais enchaîner les compétitions sur 10kms et le chrono fait une chute vertigineuse. En 2012, chaque course me permet de gagner 1 minute sur le chrono précédent. Mon passé de cycliste et ma motivation dans les entraînements m'aident à progresser rapidement. Je participe pour la première fois à la Corrida de Péronne et je croise Cloclo qui est une ancienne connaissance de mes années cyclistes. Il a maintenant la cinquantaine mais je suis bien loin de le suivre avec son chrono de 40 minutes. Nous deviendrons des partenaires d'entraînement bien des années plus tard pour une aventure légendaire... Tous ces progrès me motivent à continuer avec le rêve fou de participer à un marathon.

Avec Mohammed, nous décidons de nous lancer dans l'épreuve mythique du running dès notre première année d'entraînement avec le marathon d'Amiens. Il est situé en fin de saison donc cela nous laisse le temps de profiter des vacances d'été avant de suivre un plan d'entraînement. La problématique du marathon est qu'il est nécessaire d'effectuer une sortie longue par semaine et que le créneau horaire du midi n'est pas suffisant. Donc j'empiète sur le week-end avec une sortie longue allant jusque trois heures. Nous nous fixons le même objectif ambitieux pour un premier marathon avec un chrono de 3h30. Nous sommes plutôt rapides sur 10kms donc l'objectif est réalisable.

Les entraînements se passent bien et nous partons très motivés à notre premier marathon. Amiens est la ville de mes premières études postbac avec son lot de soirées agitées mais ce dimanche matin je suis impressionné par le calme qui règne dans cette ville lorsque nous parcourons les premiers kilomètres. Le marathon d'Amiens est loin de la folie de course de Douai et l'ambiance y est nettement plus calme ce qui nous convient très bien pour notre premier 42,195kms.

La ville d'Amiens est à nous, les routes sont bloquées à la circulation et nous courons sur une des artères principales bondées en temps normal afin de rejoindre le canal de la Somme. Le parcours du marathon d'Amiens est plat et consiste à courir sur le chemin de halage en faisant demi-tour à mi-parcours. Nous faisons l'erreur du débutant en partant légèrement trop vite mais nous nous calons très rapidement sur notre allure de course. Le but est de maintenir une allure constante du début à la fin. Cette vitesse si facile à ses débuts qui devient de plus en plus difficile à tenir au fil des kilomètres.

Lors de notre aller, nous croisons les premiers qui sont déjà sur le retour. Leur vitesse est incroyable pour un marathon. Ils tiennent 42,195kms à une allure plus rapide que ce que je peux faire sur 10kms.

Le premier semi-marathon se passe très bien et nous restons côte à côte avec Mohammed puis c'est un grand demi-tour pour rejoindre l'arrivée. Nous sommes dans les temps pour réaliser 3h30. La foule est plutôt clairsemée sur les interminables lignes droites du chemin de halage. Mohammed montre les premiers signes de fatigue dès le 25ème kilomètre et mètre après mètre il s'éloigne de moi. Je le motive à recoller mais ça n'est plus possible donc je continue au rythme prévu jusqu'au 30ème et le fameux mur.

J'ai lu de nombreuses choses sur le « mur » et je ne comprends pas ce phénomène qui est inconnu dans le monde cyclisme. Le mur arrive quand notre corps se met à consommer des lipides qui sont une source d'énergie mais avec un rendement inférieur. Donc l'allure devient de plus en plus difficile à tenir. Il est difficile de comprendre uniquement avec la théorie, la pratique va m'éclairer sur ce phénomène car je me prends le mur en pleine face exactement au $30^{\text{ème}}$ km. Est-ce psychologique ? Je pense qu'il y a une petite partie qui vient de notre mental mais surtout une importante baisse physique. Le changement de carburant ne me convient pas et je n'ai plus de jus. Les magazines disent que c'est maintenant que commence un marathon.

Il est vrai que les kilomètres avant le mur m'ont semblé faciles mais maintenant chaque pas devient de plus en plus difficile et je ressemble de plus en plus à un pantin désarticulé. L'objectif chronométrique n'est plus important mais le but est de rallier l'arrivée. Un spectateur me dit de bien balancer mes bras pour m'aider à progresser dans une petite montée, je le fais quelques mètres mais je n'ai plus l'énergie.

Mes amies les crampes, que je connaissais bien à mes débuts dans le cyclisme, viennent se rappeler à mes bons souvenirs, mais je refuse de marcher. Je suis un Runner et pas un marcheur. Je continue lentement tandis que d'autres sont arrêtés pour se décontracter les muscles. J'aperçois enfin la ligne d'arrivée et je termine mon premier marathon en 3h50. Mohammed arrive quelques minutes plus tard, épuisé. Nous sommes marathoniens, bien loin des records de nos collègues en 3h10 mais nous l'avons fait.

Après la ligne, nous devons marcher 500m pour retourner au vestiaire et nous trouvons cette distance phénoménale. Nous avançons très lentement jusqu'au moment où Mohammed est cloué au sol perclus de crampes. Il souffre mais un fou rire me prend alors que j'essaie de l'aider à faire ses étirements. La dose de drogue naturelle, générée par mon corps après cet effort, provoque cette euphorie passagère mais tellement agréable après la souffrance des derniers kilomètres.

La première année de running se termine avec ce premier grand moment et le Père Noël va m'apporter un nouveau jouet pour devenir encore plus fou de cette discipline : un GPS. A croire que mon épouse aime que je redevienne un addict du sport.

Génération Y

Je suis de justesse de la génération Y qui regroupe les personnes nées entre 1980 et 2000. La révolution technologique a été totale avec la fin de nombreuses choses comme le minitel, le téléphone à cadran, les cassettes VHS, les appareils photos avec pellicule, les cabines téléphoniques... Mais aussi le développement des ordinateurs et d'internet, des DVD, des consoles de jeux, des téléphones portables, de plus en plus high-tech...

La génération suivante dite Z a connu l'essor des réseaux sociaux et des jeux en réseau avec des titres comme

Fortnite[1]... Je ressens tout à fait cette différence car je ne suis pas adepte des réseaux sociaux et jeux en ligne mais j'aime suivre l'évolution de la technologie comme le GPS pour faire du sport.

Mon premier GPS m'est offert à Noël 2012 avec un Garmin qui est une des références dans ce domaine. C'est une montre dédiée au running qui permet de programmer mes séances d'entraînement, d'analyser mes performances, voir mon historique et de regarder si le moteur tourne rond. Il se couple avec une application sur ordinateur ou sur téléphone pour analyser encore plus en détail chaque séance. Je suis le premier au travail à avoir ce type de montre mais tout le monde s'y met petit à petit. La bonne vieille montre ne suffit plus et nous aimons avoir ce gadget pour connaitre notre kilométrage, notre allure...

Cet appendice fait partie de ma tenue de runner et je suis perdu si celui-ci est déchargé ou ne capte pas. Il m'est arrivé d'attendre jusque 10 minutes le signal et de commencer uniquement ma séance lorsque la montre est prête. Il m'aide à progresser en travaillant vraiment à des allures cibles et en délaissant le stade d'athlétisme pour la campagne.

Fini le temps où le transfert des données était réalisé à la sueur de mon front grâce à une plume et un calepin où je

---

[1] Jeu en ligne sorti en 2017 où il faut être le dernier survivant. Ce jeu est devenu un phénomène de société avec plus de 125 millions de joueurs en moins d'un an

copiais les données de mon compteur. Maintenant, il suffit de connecter le GPS pour avoir en quelques secondes l'historique de la séance, le kilométrage mensuel, annuel...

Pour ce livre, je me suis amusé à relire mes différents calepins de 1993 à 2003 et j'y retrouve un certain charme avec mon écriture de jeune adolescent que je ne retrouverai jamais dans le digital. Après le transfert, j'enregistre un petit commentaire pour chaque séance ce qui me permet également de remonter le fil du temps depuis 2012.

Par manque de temps, je ne suis pas un membre actif sur les réseaux sociaux sauf « Strava » qui est le pendant de Facebook mais uniquement pour le sport. Cette application permet de regrouper dans une même communauté toutes les marques de GPS et de pouvoir suivre les activités sportives de tous les copains.

Comme toute application, il y a plusieurs composants dont l'un des plus connus est la mesure des performances sur des segments. Ceci permet de se comparer à tous les cyclistes ou runners du monde entier. Le but est de décrocher le titre de King Of Mountain pour les hommes ou de Queen Of Mountain pour les femmes sur cette partie de route ou de chemin en étant le plus rapide.

J'adore cette fonctionnalité où j'essaie de donner le maximum pour être le King mais ce sont vraiment des efforts d'une intensité maximum pour réussir. Il faut que je sois au top de ma forme pour réaliser un chrono. De plus en plus de monde se prend au jeu. Il faut vraiment analyser le segment pour être certain d'y arriver. Je retente régulièrement plusieurs fois le même segment pour obtenir le titre mais il y a des champions « hors-normes » qui passent. Je m'avoue vaincu devant certaines performances époustouflantes. Les temps des professionnels qui sont passés juste avant nous est impressionnant. Leurs chronos sont vraiment phénoménaux bien loin de mes capacités.

Accompagné de ma montre, je continue de progresser rapidement au cours de l'année 2013 avec un 10kms en moins de 39 minutes à Morcourt dans l'Aisne, un premier semi-marathon sous la barre des 1h30 à Salouël près d'Amiens et moins de 3h30 pour mon second marathon à Lille.

Le semi-marathon reste le souvenir le plus marquant de cette année 2013. La course se déroule parfaitement bien avec un Cloclo en meneur d'allure personnel. Je bats mon record personnel en étant à la limite des crampes sur la fin de parcours. Le semi-marathon est la distance à partir de laquelle mon corps commence à souffrir réellement et les fins de course sont souvent compliquées. Je n'ai pas le temps de savourer car je suis attendu pour un repas de famille avec une raclette, qui est un de mes plats préférés. Je ne me sens pas très bien pour le retour en voiture. J'ai très mal au ventre et j'ai hâte de rentrer à la maison. Tout le monde est déjà sur place et j'arrive le dernier. Je salue tout le monde et m'apprête pour être dans une tenue respectable. Au lieu d'être à table avec tous les convives, je m'avachis sur le canapé car la douleur s'est accentuée. J'effectue un sprint en direction des toilettes pour une scène peu glamour. Je vomis du sang et mes selles sont d'un noir absolu. Tout le monde autour de moi s'inquiète, particulièrement ma belle-mère qui est dans le monde hospitalier. Il est vrai que c'est assez inhabituel mais une petite recherche sur internet indique que c'est un phénomène qui peut arriver après des efforts très intenses. Je ne m'inquiète pas plus que ça. Le « Smecta » deviendra mon allié incontournable lors des courses longues.

Le running m'apporte vraiment un bonheur immense mais je suis sur le point de croquer le sport défendu. Celui auquel il ne faut surtout pas que je goûte si je ne veux pas retomber dans mon addiction passée de cycliste conjuguée avec celle du running maintenant.

Le triathlon ? Jamais !

Je pense que je n'aurais pas été tenté aussi rapidement si je n'avais pas rencontré Éric. Nous aurions pu ne jamais nous connaître. Nous faisons le même métier dans la même société mais dans des secteurs différents donc nous aurions pu rester deux collègues qui se saluent dans les couloirs ou dans l'ascenseur. Mais nous sommes tous les deux dans la même session du stage d'intégration entreprise et la passion du sport nous amène à devenir amis pour de très nombreuses années.

C'est un addict au sport, il n'arrête jamais : marche, course, vélo... Il a un excellent niveau en course à pied et je me dis que jamais je ne deviendrai comme lui... Lui est célibataire et moi je suis en couple donc je ne peux pas faire autant de sport. La rivalité n'existe pas encore entre nous à cette époque, mais viendra de nombreuses années plus tard.

Mais Éric a sauté le pas vers le triathlon depuis quelques temps car c'est un sport moins monotone et surtout moins traumatisant que le running seul. Il ne cesse de me vanter tous les avantages. Cette discipline me tente mais je ne veux plus revenir dans le cyclisme en « faisant le métier ». Or je sais que si j'y vais, c'est dans une optique de performance pour me mesurer à Éric.

Le running me convient car j'arrive à être performant avec 5h de sport par semaine mais le triathlon demande beaucoup plus de temps car il faut ajouter le vélo qui est très consommateur et également la natation. Or pour retrouver un niveau proche de celui que j'avais, il va falloir que je cravache à l'entraînement avec de nombreuses heures de selle. Cette idée ne m'enchante pas donc je me consacre la majeure partie de mon temps au running.

Mais un triathlon au format court se déroule juste à côté de mon travail et je me laisse tenter par une première expérience pour le fun. Le format est idéal pour gouter à cette discipline : 750m en piscine, 20kms de vélo et 5kms de running.

Au niveau de l'entraînement, je retourne à la piscine 25 ans après avoir arrêté de faire des longueurs avec l'école. La natation c'est comme le vélo, on ne l'oublie jamais. Je sais toujours nager mais tenir le crawl pendant 750m c'est une autre histoire. Mais c'est mon objectif de réaliser cette distance uniquement en crawl comme tous les triathlètes donc je m'entraîne à être capable de tenir peu importe la vitesse. J'augmente la distance au fur et à mesure des séances. Je ne glisse pas dans l'eau mais je me bats et je suis en mesure de tenir la distance. Je n'ai aucune montre pour compter mes longueurs donc je les décompte une à une dans ma tête en ajoutant une longueur si j'ai un doute.

Je ne suis pas un adepte de cette discipline que je trouve très monotone à mon goût. Le paysage est très pixellisé, je croise de nombreux cétacés sur les autoroutes rectilignes mais nous ne savons pas émettre de sons pour communiquer, Docteur Jekyll et Mister Hyde doivent cohabiter en moi pour établir une conversation.

J'augmente la dose de vélo les deux derniers mois pour ne pas être ridicule tout de même et je continue de gros entraînements de running.

Le jour de la course arrive avec Mohammed en premier supporter, une petite pression supplémentaire. Mon Bernard Hinault revient à la compétition et il a pris un sacré coup de vieux. Physiquement il n'a pas pris une ride mais il n'est plus du tout à la mode. Ce vélo qui était le top au début des années 2000 est devenu un vintage à côté des machines de guerre qui ont pris place dans le parc à vélos. Il se trouve tout de même quelques amis avec des VTT, des vélos de ville et d'autres compagnons de route encore plus vieux. Sur cette petite course, les triathlètes confirmés côtoient ceux d'un jour qui viennent découvrir cette discipline avec le vélo qu'ils ont sous la main. Mais il est heureux de ressortir son flamboyant orange sur une course. Sa dernière compétition remonte à l'année 2003 soit 10 ans. Cette course n'est pas un bon souvenir car j'ai délaissé l'entraînement. Je lutte pour ne pas me faire décrocher et je termine péniblement. La première partie de notre histoire entre mon précieux et moi se termine ce jour-là. Je le balance de rage dans l'herbe pour une très longue pause.

Direction la piscine où les triathlètes vont nager par vague de 8 coureurs par ligne d'eau. Je suis spectateur de la première série et les nageurs les plus rapides sont de véritables dauphins qui fendent l'eau à une vitesse incroyable. Le spectacle est magnifique et je suis admiratif de la gestuelle parfaite.

Je suis dans la seconde série et les organisateurs différencient les nageurs faisant le crawl sur la totalité de ceux alternant brasse et crawl. Je me retrouve donc avec les purs triathlètes et nous discutons rapidement du temps qu'on va mettre pour faire les 750m afin de nous placer dans un ordre logique. J'annonce vingt minutes et les yeux des autres triathlètes sortent de leurs orbites comme dans Tex Avery en croyant à une blague. Je comprends que je vais attendre sagement que tout le monde soit lancé pour démarrer.

Le départ est donné, huit coureurs dans une seule ligne ça remue. J'arrive à suivre quelques longueurs mais je suis rapidement lâché du groupe. Plus le temps avance et plus je me retrouve seul dans ma ligne d'eau. Je reçois une petite tape sur ma tête pour me signifier que j'ai terminé, je regarde la piscine, il reste une personne, ouf. Ça va être compliqué de gagner cette compétition...

La première transition de ma vie pour passer de la natation au vélo n'est pas facile car je ne suis pas habitué et je ne suis pas équipé d'une tri-fonction qui permet de faire les trois disciplines et d'un porte-dossard. Donc j'enfile ma tenue de cycliste avec plus ou moins de mal avec le corps encore mouillé. Je connais le parcours vélo par cœur car j'ai pris mon vélo le midi pour effectuer des entraînements à Valenciennes dans l'optique de cette épreuve. Je suis vraiment à l'aise sur ce parcours un peu trop plat à mon goût mais qui est suffisant pour une reprise. En étant sorti dans les derniers de la natation, je remonte un paquet de concurrents ce qui me motive encore plus. Je n'ai pas tout perdu de mes années cyclistes et j'effectue les 20kms à une moyenne plus qu'honorable. Le vélo est déposé et j'attaque la dernière épreuve qui est devenu mon point fort avec un 5kms.

Je suis motivé à remonter du monde sur ce parcours qui se déroule dans notre parc habituel d'entraînement mais il emprunte en grande partie les montées et les descentes dont je ne suis pas fan. Finalement, la dernière épreuve se passe correctement mais sans plus car la natation et le vélo ont épuisé mon organisme. Je termine à une honorable 75ème place sur 135 classés.

Je viens de croquer dans le sport interdit mais je résiste à son appel définitif car il est trop consommateur de temps, tout du moins pour le moment... Le running m'apporte entière satisfaction en conjuguant sport et performance donc je n'ai pas des envies d'ailleurs.

Running mais pas que...

Je ne succombe pas à la tentation du triathlon et persévère dans le running au cours des années 2014 et 2015.

Les entraînements et les compétitions s'enchaînent toutes les semaines et ce quelles que soient les conditions climatiques.

Certaines sorties restent mémorables surtout lors des gros hivers où nous continuons à courir dans des congères immenses avec les jambes enfoncées jusqu'aux genoux ou encore lorsque nous effectuons du fractionné sur les routes gelées avec Mohammed. Rien ne nous arrête même une averse de grêles n'a pas raison de nous. Souvent les collègues regardent la météo avant de se décider alors que moi non. Il faut s'entraîner dans toutes les conditions car nous ne connaissons pas la météo le jour des courses.

Un des grands moments est une chute banale survenue juste après le départ où je me retrouve cloué au sol sur le bord de la route. Je rase le sol avec mes pieds et je me prends un petit monticule sur le trottoir qui me déséquilibre. Je me relève avec le menton en sang mais nous continuons l'entraînement avec un t-shirt qui vire du blanc au rouge au fur et à mesure des kilomètres. Je ne vais pas faire sauter une séance pour une petite blessure. En rentrant au travail, direction la médecine du travail puis la clinique où j'ai eu le droit à deux points de suture.

Durant cette période, Éric me fait découvrir les raids sportifs qui consistent à participer sur une ou deux journées à un panel sportif très varié : course, VTT, canoé, Run & Bike...

Cette discipline permet de pratiquer une activité physique tout en s'amusant.

Le plus mémorable reste le raid du bassin minier qui est un raid itinérant ; donc nous constituons une équipe de trois avec l'infatigable Éric et mon collègue Hervé. Il est sportif mais néophyte sur ce type d'épreuve et il va se retrouver avec deux fous furieux. Deux personnes réalisent des épreuves pendant que la troisième personne s'occupe de la logistique en déplaçant la voiture.

Après un petit footing individuel pour rechercher des balises en guise d'échauffement, les deux hommes forts Éric et Hervé s'attaquent à la première grosse épreuve. Ils doivent traverser un lac en canoé et Hervé est tout de suite mis dans le bain avec un Éric qui lui demande de donner 110%.

Nous enchaînons les épreuves puis nous réalisons avec Hervé une épreuve de Run & Bike. Cette épreuve consiste à aller le plus vite possible avec un seul vélo. Je suis habitué à ce type d'épreuve avec Éric mais c'est une grande première pour Hervé. Tout se passe bien au début jusqu'au moment, où mon relais me semble très long sans vélo en approche. Je m'arrête et fais demi-tour où Hervé arrive en courant également. Le vélo fait une petite pause un peu plus loin car Hervé ne l'a pas vu.

La première journée s'achève par une nuit en hauteur dans les filets du parc d'Ohlain. Nous essayons de dormir en attendant un réveil en pleine nuit pour une course d'orientation nocturne. Nous sommes confiants avec Éric car nous sommes venus nous entraîner ici quelques semaines auparavant mais la nuit tous les repères sont différents. Un bruit sourd nous réveille en pleine nuit et nous avons une heure pour trouver le maximum de balises. Hervé est déjà cuit et nous suit du regard alors que nous réalisons une épreuve moyenne comme souvent sur les épreuves d'orientation. Nous avons le droit de terminer notre nuit dans un gymnase avant d'attaquer la seconde journée.

La seconde journée commence par une course d'orientation puis du VTT avant d'attaquer l'épreuve tant attendue par Hervé : Le Roller. Hervé est un spécialiste car il le pratique en club et nous avons effectué des entraînements ensemble pour que je ne sois pas totalement ridicule. Nous sommes de vraies fusées avec Hervé qui me pousse pour aller encore plus vite. Les traversées de route, les cailloux... nous ralentissent à peine. Nous devons effectuer une épreuve à mi-parcours mais impossible de nous arrêter proprement à cette vitesse sur un chemin descendant donc nous planifions notre chute dans l'herbe.

Les épreuves s'enchaînent pour terminer ce raid. Le classement importe peu, nous venons de vivre deux jours mémorables.

We are the champions

Après quatre ans de running et un entraînement qui ne s'arrête jamais, je continue à battre mes records personnels avec moins de 38 minutes au 10kms, moins de 1h25 sur semi-marathon et j'améliore de quelques minutes mon record sur marathon qui me résiste tout de même. On commence à me féliciter en me disant « Bravo Champion ». Mais pourquoi seulement maintenant ?

Je considère que toute personne pratiquant une activité physique est un champion ou une championne. La pratique du sport est déjà une victoire en soi.

Lorsque je pratique le karaté dans ma jeunesse ou lors de mes débuts dans le cyclisme, je comprends très vite que je ne suis pas un sportif avec des capacités au-dessus de la moyenne. Je ne suis pas né pour être un champion « hors-norme ».

Après des débuts sportifs laborieux, il me reste trois choix : Arrêter par facilité mais ça ne fait pas partie de mon tempérament, rester ce champion « plaisir » qui pratique le sport sans prise de tête, devenir un champion « besogneux » pour être dans le sport performance.

Jeune, je n'ai pas une envie folle de m'investir plus que ça dans les entraînements. Donc je reste dans le sport plaisir quitte à jouer les derniers rôles. Mes parents, mon entraîneur sont bien là pour me dire que j'ai réalisé une belle prestation, que mon adversaire était plus fort... mais tous les applaudissements sont destinés aux meilleurs. Avec l'insouciance d'un enfant, je ne me doute pas que les moqueries doivent fuser en disant que je devrais me mettre à la danse classique, faire un petit régime...

C'est bien plus tard à l'âge adulte, que je m'aperçois de ce regard négatif qui est parfois porté aux champions « plaisir ». La peur d'être jugé les poussent à ne pas participer à certaines compétitions car ils vont être trop lents, ils sont trop enrobés... Même si je suis dans le sport performance aujourd'hui, il m'arrive de revenir dans le sport plaisir sur certaines courses.

Mon épouse Ingrid n'a pas croqué dans le sport autant que moi. Elle est totalement dans le sport plaisir avec le running. Elle le pratique pour la santé, le plaisir d'être entre copines, mais elle se lance des défis en s'alignant sur des compétitions. Lors du 10kms de notre ville, je l'accompagne pour tenter d'établir un nouveau record personnel de 57min. Plus la course passe et plus mon épouse souffre. Au lieu de recevoir les encouragements de tous les spectateurs, j'entends des remarques désobligeantes : « ça ne va pas très vite », « ça se ballade », « allez un peu de nerfs »... Elle ne les entend pas car elle est dans sa course mais ceci m'agace. Il est certain qu'elle court moins vite que les champions qui fusent à 20km/h mais ça n'est pas avec plaisir que mon épouse termine difficilement en 59 minutes. Elle préférerait courir le 10kms en 50 minutes mais chacun à son niveau donne son maximum en fonction de ses capacités, de ses disponibilités pour l'entraînement et de la forme du jour.

Qu'il est facile de juger en étant au bord de la route ou bien au chaud dans son canapé en train de regarder les professionnels. Tous les participants à une course méritent les applaudissements des spectateurs et le respect. Le premier donne tout pendant 30 minutes sur 10kms alors que le dernier passe nettement plus d'une heure à donner son maximum.

Tous les champions « hors-norme » et « besogneux », qui sont applaudis pour leurs performances, ne doivent pas oublier de s'inspirer des champions « plaisir », dont le soutien et l'entre-aide sont sans commune mesure.

Lors de cette même course, je me rappelle d'Isabelle qui souffre. Je la croise sur le parcours avec d'autres coureurs du club. Quelle belle image de les voir tous réunis autour d'elle lui donnant la main, l'encourageant. Ils ne font qu'un, leurs performances individuelles ne comptent pas ce jour, ils sont unis pour terminer ensemble. Le sport n'est pas qu'une question de performances ou une course aux records. Cette solidarité qui est passée inaperçue est la grande gagnante de cette épreuve.

C'est pourquoi je considère que nous sommes tous des champions avec les capacités naturelles qui nous ont été données. Chacun à son niveau essaie de se surpasser, de se lancer des défis. Il n'y a pas de petits ou de grands champions mais juste différents types de champions.

Le sport performance aurait pu être mis de côté avec la naissance de ma seconde fille en Avril 2015. Mais mon addiction est de retour et ne va cesser de croitre au cours des prochaines années. J'aurais pu me contenter de continuer avec le running pour améliorer encore mes chronos mais cette discipline seule ne me suffit plus.

Chapitre 2
Mon précieux

« Quand ton moral est bas, quand le jour te parait sombre, quand le travail devient monotone, quand l'espoir n'y est pas, grimpe sur un vélo et roule sans penser à autre chose que le chemin que tu empruntes. »

Sir Arthur Conan Doyle

Son heure est venue et il est prêt à tous les stratagèmes pour me faire succomber. Il ne supporte plus d'être enfoui sous une tonne de poussière alors que son ennemi le VTT continue de vivre des petites aventures. Il m'appelle par un Boum-boum permanent à la manière de Jumanji lorsqu'il est seul au sous-sol. Dès que je suis près de lui, il se prend pour le Seigneur des Anneaux en dégageant une énergie maléfique pour m'attirer. Il veut revenir au cœur de ma vie et en être le centre au détriment du running et de ma famille. Il a trop longtemps patienté et souhaite que nous fassions plus qu'un à nouveau.

Dès que je le touche, des flashs de mes meilleurs souvenirs ressurgissent : mon premier podium à Amiens sur un petit circuit de 1km, mes entraînements avec mon copain d'enfance Frank, les deux aventures humaines du téléthon avec un Valenciennes-Bordeaux puis un Valenciennes-Nîmes... Il est tout proche de réussir à me convaincre. Mais pratiquement 15 ans après, je n'ai pas oublié les côtés négatifs de cette période : Les membres tétanisés par le froid et la pluie, les nombreuses chutes, l'argent de mes jobs d'été dépensé pour cette passion, les nombreuses altercations avec les automobilistes, l'éloignement avec mes ami(e)s en déclinant toutes les sorties...

Je ne suis pas encore prêt à succomber à ses appels.

Running vs Cyclisme

Entre les deux mon cœur balance car je trouve énormément de plaisir dans les deux disciplines. Mais le running est nettement plus facile à concilier avec la vie de famille et professionnelle.

Avec des capacités comme les miennes et un entraînement de cinq heures par semaine, il est possible de commencer à s'amuser sur les compétitions de 10kms qui sont ma spécialité. Pour la pratique du cyclisme, il faut consacrer du temps pour des entraînements plus longs mais aussi en prendre pour bichonner son compagnon : graissage, pression des pneus, entretien... Avec 5h d'entraînement à vélo par semaine, je lutterais pour ne pas me faire lâcher du peloton. On dit que 1h de course à pied équivaut à 2h de vélo de route donc il me faudrait 10h par semaine pour espérer avoir un niveau similaire.

Mais le running apporte de la frustration car nous savons dès le départ que la première place est inaccessible. Alors que pour le vélo, les courses se déroulent par catégorie de niveau. Donc logiquement, sur chaque course de vélo avec un entraînement correct, il est possible de jouer la victoire car on affronte des cyclistes du même calibre que nous.

Dans la course à pied subsistent seulement des catégories d'âge. Donc des coureurs d'un niveau national peuvent courir en même temps que des concurrents avec un niveau départemental. Les surprises sont rares dans le classement final où le top 10 est quasiment connu avant le départ. Tous les coureurs connaissent l'allure qui a été validée à l'entraînement et s'y tiennent durant la compétition. Donc au bout de 1km, le classement est quasiment figé car il y a peu de coureurs qui se risquent à un départ ultra-rapide pour ne pas s'écrouler ensuite.

La tactique, la malice, les équipiers et les ennuis mécaniques apportent du piment aux courses de vélo. Le vainqueur n'est pas forcément le plus fort alors que le running est réglé comme une horloge.

Le vélo est un combat contre les autres. Que la victoire se fasse à une moyenne de 30 ou de 40km/h, cela n'a aucune importance. Alors que le running est un combat contre soi-même et ses chronos personnels. Le classement est un bonus qui n'est réservé qu'à une minorité de coureurs.

Le running est le sport avec la plus importante progression de ces dernières années, car il est abordable. Il suffit d'un short, un t-shirt et une paire de running pour pratiquer ce sport. Le GPS n'est même pas un accessoire indispensable car les téléphones et les montres connectées suffisent à suivre ses progrès.

Avec un peu plus de cent euros, les chaussures des champions sont à notre portée alors que pour le cyclisme il faut débourser plus de 10000 euros pour posséder le vélo des professionnels. Sans oublier les pièces d'usure, l'entretien annuel qui demande de dépenser encore un peu d'argent. Le vélo est un sport qui nécessite donc un investissement financier pour acquérir du matériel de qualité.

Côté santé, les deux sports sont excellents au niveau cardiaque et musculaire, mais la course à pied est un sport traumatisant. Il n'est pas rare de voir d'anciens pratiquants de la course à pied se reconvertir en cyclistes. Les chocs et les vibrations à chaque foulée sur le bitume entraînent, au fil du temps, des blessures. Alors que le vélo, qui est un sport porté, n'a pas les mêmes impacts physiques sur le corps. Les cyclistes vont souvent bien au-delà de la retraite alors que les runners aspirent rapidement à une pré-retraite.

La course à pied m'amène à des niveaux d'intensité plus élevés qu'à vélo. Le running me permet de pousser mon cœur à 200 pulsations/minute alors que je suis incapable de le faire sur le vélo. Afin de réaliser des chronos sur 5 et 10kms, mes fractionnés longs m'amènent dans un état de fatigue que je ne pensais pas pouvoir atteindre un jour. A long terme, j'ignore les conséquences de pousser mon moteur dans ses derniers retranchements comme je le fais aujourd'hui. Je n'arrive pas à retrouver ce niveau d'intensité sur le vélo.

Mon précieux se morfond depuis 2013 et son unique triathlon. Le divorce entre nous deux est proche car il ne supporte plus mon infidélité avec le running. Le cadeau de Noël 2015 aurait pu le pousser au suicide mais celui de 2016 va raviver sa flamme.

Les Cadeaux de mon père

Quand Noël arrive, c'est toujours l'éternelle question du cadeau pour les parents et nous décidons d'innover en 2015. Fini les séjours tranquilles pour mes parents au Puy du Fou, Futuroscope, car cette année mon père participera à une épreuve cycliste en ma compagnie : Le Roc Azur.

Mon père continue le cyclisme avec un niveau plus que correct pour son âge. Mais il ne participe à aucune épreuve car il est soi-disant « trop vieux » et « pas assez costaud ». Il n'a plus 30 ans, mais il a un niveau que beaucoup de cyclistes aimeraient avoir. Donc cette épreuve c'est l'occasion de partager un moment « père et fils » avant justement qu'il ne soit vraiment trop vieux.

Le Roc Azur est l'événement majeur du VTT en France, c'est une fête de plusieurs jours avec des épreuves pour tous les goûts. Pour profiter pleinement de ce séjour, nous allons participer à plusieurs épreuves :

- Jour 1 : petite course pour mon père. Une vingtaine de kilomètres pour se mettre en route. De mon côté, je suis inscrit pour mon second triathlon mais cette fois en mer et avec le VTT...
- Jour 2 : Randonnée d'une trentaine de kilomètres pour profiter du paysage.
- Jour 3 : Roc Noir qui est une copie conforme du Roc Azur mais en mode randonnée.
- Jour 4 : Roc Azur uniquement pour moi. C'est l'épreuve phare avec plus de 5000 partants.

Mon précieux est fou de rage lorsqu'il entend l'énoncé du cadeau par mon père. Une violente dispute éclate avec son ennemi le VTT. Je suis obligé d'intervenir afin de le calmer et le ramener à la raison. Il sait qu'avec cette épreuve je remets un pied dans le cyclisme et cette idée l'enchante.

Afin de ne pas envenimer la situation, je décide de ne pas trop m'entraîner pour cette épreuve car je considère que le running devrait être amplement suffisant. Mais je reprends tout de même quelques sorties deux mois avant l'épreuve, afin de ne pas être totalement ridicule et d'aller au bout de toutes les épreuves. Mon père sera prêt, donc si nous voulons faire les deux journées ensemble, il me faut un minimum de kilomètres. L'épreuve est en Octobre donc la première partie de saison est consacrée au running puis au VTT à partir de Septembre.

Le Roc Azur se déroule à Fréjus avec un temps magnifique pour une arrière-saison. Le village expo est immense et comme tout grand événement, il faut maintenant se faire fouiller pour pouvoir y entrer. Ce rituel, qui est maintenant entré dans nos habitudes quotidiennes, me surprend toujours autant. Ce village temporaire m'impressionne par sa taille, et les VTT exposés sont tous magnifiques.

Le Tri-Roc est la première épreuve de mon séjour : 1.5kms en mer, 20kms de VTT et 10kms en mode trail. Romain Bardet, fraîchement sorti second du Tour de France, est présent pour participer à cette épreuve en équipe. Je ne suis plus un gamin qui va lui demander un autographe mais il est très abordable.

La natation en eau libre est une grande première. La Méditerranée étant logiquement une mer très calme, cela devrait se dérouler comme à la piscine. Mais le jour de la course, Éole est de la partie et la mer est démontée. Mes parents et la marraine de ma sœur, qui sont venus m'encourager, m'incitent à ne pas y aller. J'avoue que je ne suis pas très fier devant les vagues qui viennent se briser sur le rivage, et l'inquiétude est palpable sur le visage de certains concurrents.

Pour ce premier triathlon en plein air, j'ai investi dans une tri-fonction qui permet d'enchaîner les trois épreuves sans avoir à se changer. Cependant, je ne suis pas équipé d'une combinaison néoprène pour la natation contrairement à 95% des triathlètes. Je regrette car, dans ces conditions, c'est un atout essentiel. Pour ne rien arranger, je suis myope à -2 et j'aperçois à peine la seconde bouée qui me semble vraiment très loin. Cette myopie ne me dérange pas pour le vélo et le running mais en eau libre, c'est un handicap supplémentaire. Je ne suis pas un excellent nageur, je risque de me retrouver esseulé et mes yeux seront importants pour me guider. Au vue des conditions météorologiques, les organisateurs hésitent à transformer ce triathlon en duathlon. Ce format aurait été à mon avantage, mais je suis ici pour vivre mon premier triathlon en plein air. Je suis heureux.

Le départ de l'épreuve est donné et démarre par deux boucles de 750m que je veux effectuer en crawl pour ne pas fatiguer les jambes. Je me lance dans les dernières positions, en compagnie des triathlètes sans combinaison. Dès les premiers coups de bras, je sens que ça ne va pas être une partie de plaisir. Je suis un naufragé au beau milieu d'une tempête. Je m'éloigne du bord au lieu de revenir sur le rivage. Je n'arrête pas de boire des tasses à cause des vagues qui me malmènent. Le crawl se transforme en brasse pour espérer venir à bout de cette épreuve.

Je suis assez isolé et peu rassuré car je n'aperçois aucun bateau à mes côtés. Mais je fends les vagues pour rejoindre la bouée au large. Le premier tour se termine. Des concurrents décident de ne pas repartir. Je suis un guerrier. Je repars pour la seconde boucle. Je sais ce qui m'attend. Je viens de survivre à cette épreuve. Le parc à vélos est étrangement vide. Le VTT est vraiment sympa avec des côtes qui passent vraiment bien et une super dernière descente. Je suis fatigué pour le running de 10kms mais je termine heureux cette épreuve. Trois autres belles journées sont au programme donc la récupération est ma principale préoccupation.

Les deux autres journées sont consacrées à deux randonnées « père et fils » où nous restons ensemble de bout en bout. Pas de classement et pas de barrière horaire pour mettre la pression. Nous profitons un maximum.

La première randonnée est une balade en VTT d'un peu plus de 30kms. Elle est parfaite pour nous permettre de récupérer des efforts de la veille. Le gros morceau pour mon père est le lendemain. Le plus difficile pour nous, qui venons de la route, sont les descentes qui sont trop techniques à notre goût. Mon père n'est déjà pas un grand descendeur sur route, en VTT c'est pire. Je ne suis pas beaucoup mieux au milieu des roches. Nous nous faisons doubler par de vrais bolides que nous rattrapons ensuite quand le parcours devient plus difficile et moins technique.

Le Roc Noir clôture l'aventure de mon père. C'est une copie conforme du Roc Azur qui m'attend demain. Mais il n'est pas question de chrono. La météo et les paysages sont magnifiques, nous nous en mettons plein les yeux. Nous avons le temps d'admirer car nous devons attendre à certains passages. Le nombre de participants est si important que certains passages étroits ne laissent le passage qu'à un VTT d'où la création de bouchons. Ce parcours me permet de découvrir les points clés de l'épreuve de demain avec de bonnes grimpettes et surtout des descentes techniques. La partie ne va pas être facile avec l'accumulation des trois jours mais je suis très motivé pour passer les différentes barrières horaires et être finisher.

Dès que nous retournons à notre logement chaque soir, je me mets en mode récupération. Je m'équipe de chaussettes de contention et de patches pour faire une séance d'électrostimulation. Le massage par chocs électriques n'est pas des plus agréable. Mais je ne ressens aucune fatigue le lendemain de chaque épreuve. Je suis donc prêt pour l'épreuve phare de ce long week-end : Le Roc Azur.

Sur cette course, les professionnels côtoient les amateurs comme moi. Mon père m'abandonne pour cette épreuve avec regret. On ne s'inscrit pas sur place pour ce type d'épreuve qui est prise d'assaut dès l'ouverture sur internet. Il sera présent pour m'encourager sur le parcours.

Les départs se font par vague en fonction des places lors des épreuves précédentes, du niveau VTT sur les compétitions, ... Comme je n'ai aucune référence, je pars dans les dernières vagues, très loin des premiers, et avec de nombreux concurrents devant moi. Par conséquent, je suis régulièrement arrêté aux passages critiques où seul un VTT peut passer à la fois. Je prends ça avec philosophie car je ne suis pas ici pour faire un classement et je profite pleinement du paysage. N'ayant pas beaucoup de kilomètres dans les jambes en préparation, les arrêts fréquents sont parfaits pour récupérer. Je compare cette épreuve à un fractionné long en course à pied avec un effort violent puis une période de récupération. L'épreuve se passe parfaitement et je me surprends à prendre de l'assurance dans certaines descentes. Je suis finisher de ma première grande aventure.

Mon séjour se termine sur cette superbe épreuve avec un retour en TGV tandis que mes parents en profitent pour découvrir la région.

En 2016, nous renouvelons le même type de cadeau, avec cette fois une épreuve sur route. La découverte du cadeau se fait grâce à des mots clés. Mon père met un certain temps à comprendre qu'il va participer à l'Etape du Tour. Cette épreuve est le plus grand événement du cyclisme sur route en France. Elle consiste à réaliser une étape de montagne du Tour de France quelques jours avant le passage des professionnels, sur une route fermée à la circulation. Ce rassemblement est pris d'assaut au moment des inscriptions. 15000 cyclistes se retrouvent sur la ligne de départ. Pour l'édition 2017, nous devons affronter 180 kms, 3600m de dénivelé et surtout, la montée mythique de L'Izoard pour terminer au sommet de celui-ci.

Nous sommes en plein hiver mais c'est le 14 Juillet au sous-sol. Mon précieux est fou de joie à l'idée de réaliser cette épreuve. Nous allons effectuer ensemble notre première course en montagne avec un final à plus de 2000m. C'est une grande inconnue mais nous sommes surmotivés. Je lui fais comprendre que le running fait maintenant partie intégrante de ma vie et qu'il ne peut plus être l'Unique. Avec une pointe de déception, il accepte une garde partagée. Le running principalement en semaine et le week-end pour lui.

Comme souvent, mon père est réticent mais il est partant. 180kms avec 2 cols au programme signifie que je vais devoir reprendre sérieusement le vélo et surtout les grosses sorties du dimanche matin. Le Roc Azur s'est bien passé avec peu d'entraînement mais là il n'y aura pas de pause pour que je récupère. Je ne voulais plus effectuer ce genre d'entraînement, mais ce cadeau est peut-être une excuse inavouée pour regoûter au plaisir du vélo de façon plus intensive...

Je n'ai pas roulé une seule fois depuis le Roc Azur quand je reprends le vélo en Avril 2017. Soit une coupure de 5 mois. Je reprends très sérieusement pour être prêt le jour J.

Mon vélo n'est plus très jeune donc je le laisse bien au chaud tout l'hiver afin de préparer le marathon de Paris, le principal objectif du début de saison. Je bats mon record de quelques minutes, le mur ayant eu raison de mes ambitions élevées. J'accuse le coup quand un coureur me double avec des tongs de plage. Cette scène surréaliste me remet les pieds sur terre. Un second coureur m'achève totalement. Il prend des photos, danse à chaque manifestation musicale. Puis, il repart à une vitesse incroyable. Je n'y arrive toujours pas et je suis loin du record de mes collègues de travail. Peut-être ne suis-je pas fait pour les épreuves longues ? La préparation de l'Etape du Tour ne laisse pas de place à la cogitation. J'augmente le kilométrage au fur et à mesure des semaines.

La préparation se passe vraiment bien avec des réveils matinaux le dimanche pour réaliser des entraînements longs jusque 180kms avec mes deux compères préférés David et Cloclo. Les jambes tournent de mieux en mieux et mon précieux est totalement dérouillé après quatre ans d'inactivité.

Nous repartons de nouveau à quatre pour ce séjour. Nous effectuons deux petites sorties avec mon père avant l'épreuve afin de nous habituer à des montées autrement plus longues que celles de la maison. Je ne suis pas trop stressé car il n'y a pas d'objectif chronométrique. Le maître mot est « plaisir ». Mon père est un peu plus méfiant et a peur de ne pas réussir. Il part toujours avec l'esprit négatif. Pourtant, il a déjà grimpé le Tourmalet, le Mont Ventoux alors que je n'ai jamais fait de col.

Le jour J, nous retrouvons les 15000 cyclistes qui sont prêts à attaquer cette épreuve. Nous attendons tranquillement que le départ soit donné pour notre vague. Il fait frisquet au départ de l'épreuve mais l'atmosphère se réchauffe très vite dès les premiers tours de roue. C'est un vrai départ de course, très rapide. Je suis bien. Je me mets à l'abri dans un « paquet » pour attaquer une belle petite descente où je suis très à l'aise. Mon père perd le contact. Il a besoin de chauffer et la vitesse autour de 70km/h dans la descente n'est pas là pour le rassurer. Je ralentis afin que nous fassions l'épreuve ensemble. Nous nous mettons à l'abri dans un autre groupe un peu moins rapide.

Le parcours est particulier cette année. Il est relativement plat pendant 120kms puis nous attaquons les deux cols au programme en toute fin d'étape. Mon père ne s'enflamme pas sur la première partie du parcours, nous la faisons à un rythme modéré. Une autre course commence dès les premières rampes du premier col. Nous n'avons pas le même rythme mon père et moi, donc nous faisons la fin d'étape chacun à son rythme. Mon précieux est vraiment à l'aise dans ce col de Vars. Nous remontons bon nombre de concurrents. Puis vient la première descente de col de notre vie.

Chez nous, nous sommes assez à l'aise dans les descentes. Cela n'a rien avoir avec des descentes de montagne où la vitesse est nettement plus élevée. C'est le moment de vérité. Nous prenons notre pied sur une route fermée à la circulation. Une ambulance nous ouvre la route et nous permet d'anticiper la courbure des virages. Le cerveau ne se pose pas de question quand nous frôlons les 80km/h. Que se passerait-il si une crevaison survenait maintenant ? Nous sommes galvanisés par l'adrénaline de cette vitesse folle. Nous sommes fans des montées de col mais encore plus des descentes et du plaisir procuré.

Entre les deux cols, je discute avec un participant. Il me dit que mon vélo doit dater ! Il est vrai que peu de personnes ont une machine qui a plus de 15 ans sur cette épreuve. Les cyclistes sont souvent au top de la technologie. Mais je le trouve encore vraiment top même si les vitesses ne sont pas du tout adaptées pour la montagne avec un 39 en petit plateau.

Je vais bien le ressentir dans la dernière montée de 16kms à 7% de moyenne. La fatigue est là. J'ai du mal à tourner les jambes sur les 11 derniers kilomètres qui sont vraiment difficiles, avec des passages à plus de 10%. Je suis obligé d'appuyer très fort sur les pédales même avec le braquet le plus facile. Certaines lignes droites sont interminables. La température grimpe en flèche. Si mes muscles lâchent, je serai obligé de m'arrêter. Mais ils tiennent pour m'amener à 2361m d'altitude.

Ma première ascension mythique se termine devant un paysage surréaliste. Je suis 2000m au-dessus de la mer mais j'ai quitté la Terre. J'endosse le personnage de Neil Armstrong en faisant mes premiers pas sur la Lune. Je profite de ce spectacle magique en attendant mon père qui va au bout de l'épreuve 30 minutes après moi.

Je regrette de ne pas avoir fait la totalité de l'épreuve avec mon père. Ma performance importe peu mais il n'est pas possible de revenir en arrière. L'âge avance et je sais que ces moments de partage se feront de plus en plus rares. Je pense que nous pouvons écrire encore quelques beaux chapitres à cette histoire.

Nous repartons chez nous avec des images plein la tête. Heureux d'avoir partagé une nouvelle épreuve ensemble.

En moins d'un an, j'ai réalisé trois courses mythiques en France : le Roc Azur pour le VTT, le marathon de Paris pour le running et l'Etape du Tour pour le cyclisme sur route. Trois épreuves organisées par la même société ASO qui est en plein essor.

Le Sport Business

Avant cette année 2016, je n'avais jamais participé à aucune épreuve d'une telle envergure. J'ai sillonné les courses locales de cyclisme sur route plus jeune et maintenant les compétitions de running de la région. Ces épreuves sont des courses qui ne demandent pas un énorme effort financier pour y participer. Ces « petites » épreuves sont organisées par des associations qui souhaitent faire entrer un peu d'argent dans les caisses pour développer leurs activités.

Alors que les grosses épreuves comme le Roc Azur, l'Etape du Tour, le marathon de Paris ou encore les triathlons labélisés Ironman sont devenus de véritables « pompes à fric ». Le droit d'entrée est au minimum de 100 euros sur ce type d'épreuve. Le prix grimpe à plus de 600 euros pour l'Ironman de Nice. Mais pourquoi s'en priver puisque toutes les places sont prises d'assaut, même à ces tarifs ?

En 2005, le marathon de Paris était à 42 euros avec une pasta party. Maintenant le prix a plus que doublé avec un nombre de participants qui est passé de 30000 à 50000. Comment peut-on expliquer cette soudaine augmentation ? L'énorme différence est que celui-ci était organisé par la ville de Paris alors qu'aujourd'hui il est passé sous pavillon privé comme beaucoup de grosses épreuves.

La force même du running est qu'il soit à la portée de tous, mais avec des tarifs au-delà de 100 euros, certaines personnes ne feront jamais cette épreuve pourtant si belle. La course de ma ville propose la gratuité pour les femmes et une participation de 5 euros pour les hommes sur 10kms. C'est une vraie course populaire avec tout de même des primes pour les meilleurs.

Je suis malheureusement prêt à participer à ces épreuves qui nous font rêver même si je ne cautionne pas du tout ce sport business. Les organisateurs l'ont bien compris et l'engouement est tel que cette folie du sport business n'en est qu'à ces débuts.

Mais je prends autant de plaisir à participer à de « petites » courses qui sont organisées par des passionnés. Ils mettent toute leur énergie pour nous proposer des épreuves qui, malheureusement, rassemblent parfois peu de concurrents comme dans le cyclisme sur route aujourd'hui.

La lente agonie

Le Tour de France est la vitrine du cyclisme sur route mais c'est l'arbre qui cache la forêt. Le vélo, qui était jadis un moyen de transport, est maintenant considéré comme un fléau sur la route par les automobilistes. Des irréductibles gaulois continuent de sillonner les routes sur leur machine face à ces monstres mécaniques. C'est devenu un sport dangereux et le cycliste ne fait pas grand poids face à un véhicule lancé à pleine vitesse.

Les altercations entre cyclistes et automobilistes sont légions. Dernièrement, une championne de France d'athlétisme habitant la région, qui pratique également le triathlon a été prise à partie par un automobiliste. Il l'a fait tomber avant de la frapper et de lui cracher dessus. Le monde est devenu fou.

Le peloton de 180 coureurs lors du Tour de France fait rêver tous les organisateurs des courses locales, qui se vident année après année. Ces « petites » courses sont sur le point de disparaître. Quand je discute avec les plus anciens passionnés, ils me racontent qu'avant, les courses de vélo faisaient partie de la fête du village. Mais ce temps est révolu. Les courses sont moins nombreuses et il est possible de faire un top 10 sur certaines courses même en finissant dernier.

Cette lente agonie, je m'en aperçois lorsque je reprends plus sérieusement le vélo pour la préparation de l'Etape du Tour. Plus de 10 ans sans fréquenter les sorties du dimanche matin avec le rendez-vous place du château. Je ne suis pas dépaysé.

Je retrouve les mêmes cyclistes fidèles au poste. A plus de 30 ans, je fais encore partie des plus jeunes. Il y a bien quelques nouvelles têtes et un ou deux jeunes de 20 ans mais pas plus. Si j'ai la chance de pouvoir continuer jusqu'à l'âge de mon père, je ne sais pas qui seront mes compagnons de route le dimanche matin. Le cycliste sur route est en voie d'extinction.

Mais le bilan n'est pas si noir. Les petites courses disparaissent au profit des grandes courses comme Paris Roubaix, l'Ardéchoise ou l'Etape du Tour. Ces courses démentielles sont prises d'assaut et attirent de plus en plus de monde. Le cyclisme sur route est en mutation. Les sportifs viennent sur le tard à cette discipline car leur corps ne supporte plus les traumatismes liés à leur sport de prédilection. Certains y viennent pour trouver un nouveau défi et veulent rêver en participant à des épreuves mythiques.

Parmi les cyclistes de ma génération, j'en connais peu qui continuent. La principale cause est le manque de temps. Chez mes parents, c'est souvent la soupe à la grimace quand mon père part rouler le dimanche matin de 8h à 12h. J'ai également effectué une grande pause par manque de disponibilité. Et me voilà entrant dans la période de ma vie où nous ne sommes plus vraiment jeunes mais pas vieux non plus. Pour la majorité ça ne change rien. Pour d'autres c'est l'occasion d'avoir des aventures extra-conjugales, pour moi c'est le retour à mon premier amour, le cyclisme. Le Roc Azur et l'Etape du Tour était juste une remise en route...

Le fruit défendu

Pourquoi cherchons-nous toujours à en vouloir plus ? J'ai repris le vélo, je pratique le running avec des chronos corrects, tout va bien au travail et dans ma vie familiale, mais il me manque un petit quelque chose. Il n'est pas rare d'entendre des sportifs dire qu'ils vont réaliser tel défi avant tel âge. Pour certains cela va être un premier marathon avant 30 ans et pour d'autres un premier Ironman avant 40 ans.

J'ai croqué à deux reprises dans l'épreuve du triathlon, sans jamais y succomber. Ce sport me fascine mais c'est un sport trop exigeant au niveau de l'investissement. J'ai longtemps dit à mon copain Éric que je préfère me consacrer au running qui est idéal pour moi. Mes copains Marc, Éric et Cloclo ont sauté le pas mais nous n'avons pas la même vie. Marc est divorcé, Éric est célibataire et Cloclo n'a plus d'enfant à charge. Donc ils ont un peu plus de temps libre mais leurs récits me donnent envie.

Les deux dernières épreuves auxquelles j'ai participé avec mon père m'ont prouvé que je pouvais y arriver avec peu d'entraînement à vélo. C'est pourquoi je décide de m'inscrire à mon premier vrai triathlon, le half de Gérardmer, en compagnie de Marc et Éric. Il est loin d'être le plus facile avec ses

1900m dans le lac, le parcours de 90kms à vélo et une boucle à effectuer trois fois, enchaînant les montées et les descentes, puis un semi-marathon. Cette épreuve est prise d'assaut lors des inscriptions donc je m'inscris dès Décembre 2016. C'est pourquoi mon précieux est si heureux à Noël cette année-là. Ça n'est pas une, mais deux épreuves, qui nous attendent en 2017.

Mon addiction à la compétition est en route. En moins d'un an, je réalise quatre épreuves majeures en France, en effet le half de Gérardmer est un des plus réputés. L'année 2017 est marquée par une confrontation entre Éric et moi. La bataille ultime aura lieu en Septembre.

La préparation pour l'Etape du Tour me permet d'envisager sereinement les 90kms de vélo du parcours puisque le triathlon se situe deux mois après cette épreuve donc « j'aurai la caisse ». Le plus important est de réussir à enchaîner les épreuves et ne pas craquer, donc je réalise quelques compétitions avant l'ultime bataille.

Acte 1 : Première bataille

Le premier acte de notre duel se déroule au duathlon de Douai, tout juste trois semaines après le marathon de Paris. Il faut enchaîner 12kms running, 90kms vélo et 10kms running. La partie course à pied n'est pas un problème mais 90kms de vélo avec une pause de cinq mois va être compliquée. Mon précieux et moi roulons sérieusement depuis trois semaines avant d'attaquer cette compétition. La partie running devrait être à mon avantage. Il est tellement heureux de retrouver le grand air après quatre ans d'inactivité que tout se remet en route rapidement. Nous nous rappelons le souvenir de nos courses passées.

  Éric et moi réalisons la première épreuve côte à côte. Il est habitué à ce type de compétition alors que moi, non, donc je me cale sur son rythme pour ne pas me « griller ». Au moment de la transition, il prend quelques longueurs d'avance et s'échappe sur les premiers kilomètres de vélo. Mon précieux est fou de rage du temps perdu à effectuer cette transition. J'entends son moteur rugir sur la ligne de départ. Je le freine un peu sur les premiers kilomètres pour que ma mécanique se mette en place mais je lâche rapidement les chevaux. Le parcours est trop plat pour nous mais nous avançons et apercevons une silhouette familière. Nous sommes dans une petite côte du parcours et doublons Éric. Notre motivation est encore plus grande et nous donnons tout ce que nous avons. Nous terminons en 3h cette discipline ce qui est fabuleux après seulement trois semaines d'entraînement. La fatigue s'est accumulée. Je termine le dernier running de 10kms tranquillement. Je viens de remporter la première bataille, mais pas la guerre, comme dit Éric.

  L'Etape du Tour est le gros objectif du mois de Juillet donc le kilométrage vélo s'accumule naturellement. Je participe également à quelques courses de running avec une seconde place de nouveau à Ham. C'est une course que je dois gagner car j'ai les meilleures références des engagés. Mais la victoire me fuit à nouveau. Me voilà prêt pour le second acte de notre duel qui a lieu à Cayeux-sur-Mer au mois d'Aout avec un triathlon M : 1500m de natation, 40kms de vélo et 10kms de course à pied. Éric est confiant car il n'y a pas de course à pied pour me donner l'avantage en début de course. Il est sur-motivé.

Acte 2 : La guerre

Une véritable guerre fait rage entre la mer et les organisateurs le jour de l'épreuve. Les commandants analysent la situation et décident que nous ne reculerons pas devant l'adversité. Ils nous demandent d'enfiler nos tenues de combat avant de les rejoindre sur la ligne de front. J'enfile ma tri-fonction mais également un plastron supplémentaire, une combinaison de natation en néoprène achetée quelques semaines avant. Je me protège le visage avec un bonnet en guise de casque et des lunettes pour éviter l'eau salée que notre ennemie nous envoie pour nous aveugler.

Nous nous dirigeons vers la tranchée pour écouter les dernières consignes avant la bataille. Les plus gradés nous rassurent. Nous entendons notre ennemie qui vient se fracasser contre le rivage et nous attend de pied ferme. Les commandants nous expliquent que la mer a fait appel à deux troupes : les vagues pour nous assommer et le courant pour ralentir notre progression. Ils nous indiquent aussi qu'une fois le front ennemi vaincu à mi-parcours, le retour à la base sera très facile.

J'appartiens au bataillon d'Éric et Marc qui décident de se mettre en première ligne pour affronter l'ennemi. J'aurai préféré être en position d'observation mais les commandants nous arguent au combat. Je reste avec le bataillon quelques instants mais les vagues ont raison de ma progression et je suis obligé d'opter pour une position plus sécurisante en nageant la brasse. Grâce à cette technique, j'arrive à mieux anticiper les mouvements des vagues et à progresser. Je préfère survivre en avançant lentement que mourir en fonçant tête baissée. Mes compagnons s'éloignent inexorablement mais je n'abandonne pas et je parviens à vaincre la mer. Le retour à la base est une véritable partie de plaisir. L'épreuve n'est pas terminée mais le plus difficile est derrière moi.

La plupart de mes compagnons ont déjà quitté la base et sont partis en direction du second point de ralliement. Mon précieux est heureux que je sois sorti de cet enfer et nous nous lançons. Le terrain de 40kms ultra plat ne nous favorise pas. Nous doublons des camarades mais toujours aucune trace du bataillon composé de Marc et Éric. J'espère qu'ils ont survécu à la première épreuve. Je donne tout sur la course à pied et remonte de nombreux concurrents mais toujours aucune trace de mes camarades quand j'arrive au camp militaire. Je les vois enfin, ils ont vaincu cette épreuve. Marc et Éric ne se sont pas quittés sauf au moment de la course à pied quand Éric a mis une « mine » pour s'échapper. Éric vient de gagner la bataille de Cayeux d'une belle manière. Nous sommes tous deux confiants pour notre dernier affrontement à Gérardmer.

La préparation se termine tranquillement avec des vacances en Ardèche où je remporte ma première victoire lors de la course du camping... Dommage cette course n'a rien d'officiel mais elle n'est pas facile avec une montée de 1km effectuée à fond pour égaliser le record du camping. Ma sœur termine 1ère féminine et nous gagnons de quoi faire un bon apéro. Je suis bien reposé et prêt à remporter notre dernier duel sur la Mecque hexagonale du triathlon.

Acte 3 : Un corps à corps intense

L'épreuve se déroule en Septembre dans les Vosges, avec une météo aléatoire. Nous scrutons les conditions météorologiques depuis plusieurs jours, la météo devrait être peu clémente.

Nous avons loué un chalet sur les hauteurs de Gérardmer pour l'épilogue de notre duel. Éric et moi arrivons le Jeudi. Nous effectuons une reconnaissance du parcours sous un temps humide. Nous devons emprunter une descente abrupte pour rejoindre le parcours, Éric n'est vraiment pas très à l'aise. Je l'attends un petit moment à un stop au bas de la descente et je le vois arriver en marchant. Il a sûrement eu un problème technique : crevaison, plus de frein… Mais il a juste eu peur de ne pas pouvoir s'arrêter.

Si les conditions météorologiques demeurent, j'ai un gros avantage car je ne crains pas les descentes humides. Marc me racontera plus tard une anecdote lors d'un entraînement à Annecy. Éric lui demande de faire demi-tour dans un col car ils allaient être trop haut pour la descente. Il n'est vraiment pas prêt à réaliser l'épreuve que je suis en train d'envisager pour l'année prochaine.

Le parcours de ce triathlon convient parfaitement à mes qualités de cycliste. Le plat est quasiment inexistant, c'est un enchaînement de montagnes russes pendant les 30kms du parcours. Je mémorise chaque virage des descentes à la manière des skieurs pour obtenir la meilleure trajectoire dans deux jours. Je souhaite réaliser une grosse performance pour mon premier triathlon préparé sérieusement.

Le duel s'annonce épique. Éric va prendre l'avantage sur la première épreuve et j'espère le remonter sur le vélo avec mes qualités de grimpeur et de descendeur. Le semi-marathon sera le juge de paix. Il faudra que je tienne bon sous peine de voir un bolide arrivé. Il a l'expérience de ce genre de course alors que je suis un novice, mais je suis un peu mieux physiquement. Nous avons tous les deux nos chances.

Nous sommes à un jour de l'épreuve et nous nous reposons avec Éric qui a commencé une nouvelle addiction avec Clash Royal sur smartphone. Il me contamine avec ce nouveau jeu. Je replonge dans le gaming en étant « Yoyoman ». Nous allons malgré tout prendre la température de l'eau pour nous dégourdir. Nous nageons par hasard avec un autre triathlète suisse et discutons avec lui en anglais. Il est un des favoris de l'épreuve.

La météo s'annonce toujours aussi mauvaise pour la course avec des températures dignes d'un mois de Novembre. C'est donc le branlebas de combat dans le village expo. Les concurrents prennent d'assaut les boutiques pour acheter des tenues hivernales pour l'épreuve. Après multiples hésitations, je décide de rester avec mes vêtements et de voir ce qui se passera demain. La météo est changeante autour du lac.

Marc nous rejoint la veille de l'épreuve. Nous sommes au complet pour attaquer la grosse course de la saison. Nous déposons les vélos et nous dînons à la pasta party aux côtés de tous les triathlètes. Le repas est rapide pour ne pas rentrer trop tard au chalet. Le stress monte à quelques heures du départ avec une dernière vérification de tous les sacs. Le sommeil est difficile mais je suis prêt, surtout que la météo est à l'amélioration.

C'est le jour J. Nous nous préparons tranquillement. Le réveil est matinal, l'ambiance est silencieuse durant le petit-déjeuner, nous sommes déjà dans notre bulle. Éric et Marc connaissent bien l'épreuve, un stress en moins car ils savent où nous devons nous garer, où est le départ...

Les triathlètes sont regroupés dans une salle. Les toilettes sont prises d'assaut. Enfin nous prenons la direction de la plage. Je reste bien en retrait en attendant le départ pendant que certains triathlètes s'échauffent ou soulagent un dernier besoin naturel dans le lac... La première bouée est vraiment loin mais le lac est calme contrairement à la mer, c'est la première bonne nouvelle de la journée. Je ne me mets pas en première ligne car je sais que mon niveau n'est pas suffisant. Je laisse mes compagnons se placer dans une meilleure position et j'espère les revoir sur le parcours vélo.

Nous sommes 1500 fauves prêts à sortir de nos cages. Le taux de testostérone au m^2 est impressionnant. Nous sommes collés les uns aux autres pour augmenter encore un peu plus notre excitation. Une majorité d'hommes compose la communauté des triathlètes et ils n'ont d'yeux que pour cette épreuve. Ils ne détournent même pas leur regard vers les quelques féminines présentes. Les hommes veulent entrer dans le feu de l'action et prouver leur performance. La reine du jour est l'épreuve, les féminines n'ont même pas le droit à un départ anticipé comme sur certaines compétitions. Tout le monde est logé à la même enseigne. L'épreuve s'annonce torride.

Le départ est donné et la pénétration dans le lac est violente. Aucun préliminaire pour entrer en douceur dans l'événement, tous les triathlètes veulent tirer au droit pour atteindre le point situé à l'opposé du lac, dont le passage est étroit. Nous sommes protégés grâce à notre combinaison et notre bonnet. Nous avons même pris la précaution d'utiliser de la vaseline afin de limiter les irritations. Mais c'est une grande bataille sur les premiers mètres. Je perds rapidement le contact visuel avec mes deux torpilles mais j'essaie de ne pas perdre mes moyens. Les poissons du lac ont fui devant la horde de requins qui foncent en direction de la première bouée.

C'est ma première fois avec autant de concurrents et les expérimentés me font comprendre que je dois rester à ma place. Des monstres casqués me grimpent dessus, d'autres me mettent des gifles pour m'empêcher de prendre du plaisir. Je comprends ce que signifie le terme « baston » dans le monde du triathlon. Le trafic se fluidifie enfin au bout de quelques minutes et je trouve du plaisir en posant ma nage le long de la rive. Je termine cette première épreuve que je redoutais en 42 minutes soit à la $1265^{\text{ème}}$ position. Je suis satisfait de mon temps même si le parc à vélos est toujours autant parsemé quand j'arrive dans l'aire de transition. Je suis motivé car je sais que j'attaque mes deux points forts.

Très rapidement, j'attaque à vélo les premières rampes. Je commence à remonter des concurrents et les encouragements me transcendent. La première montée est remplie de spectateurs qui nous encouragent. Nous sommes des coureurs du Tour de France avec un public en nombre. Je suis galvanisé par cette ambiance qui nous réchauffe car la température est fraîche pour débuter. La chaussée est humide et je profite de ces conditions moyennes pour refaire une partie de mon retard dans les descentes.

Je rattrape Marc dans la seconde montée qui compose ce parcours. Je sais qu'Éric ne doit pas être loin car ils ont à peu près le même niveau en natation mais qu'il est plus costaud sur le vélo. Je continue de pilonner mes pédales et j'aperçois rapidement Éric juste avant le sommet. Je le double mais il ne lâche rien et reste à mes basques dans les derniers hectomètres de cette montée. Puis, vient une nouvelle descente, il ne suit plus le rythme. Il est constamment sur les freins alors que je défile à toute vitesse pour continuer ma progression. Je le reprends plus vite que prévu, il faut que je continue pour prendre un maximum d'avance.

Les trois boucles se passent sans aucun problème avec une mise en confiance de plus en plus importante à chaque tour. Je suis en train de remonter tous les concurrents qui ont tout donné au début mais qui n'ont pas su faire durer le plaisir. Je suis dans le rôle de l'amant endurant qui en redemande encore. Mon précieux et moi retrouvons la fougue de notre jeunesse mais avec l'expérience pour durer. Je ne donne pas tout sur le vélo car je dois atteindre la jouissance suprême à la fin de l'épreuve. Mais je me lâche un peu plus à chaque tour et je fais de plus en plus de folies dans les descentes. Mes freins me servent de moins en moins surtout que la chaussée sèche. Mon inhibition est totale lors d'une position en S très compliquée dans le dernier tour, qui passe de justesse. Je termine le vélo avec un plaisir extrême mais il faut maintenant attaquer le semi en ayant gardé assez d'énergie. Je ne sais pas où est Éric mais je suis sûr qu'il n'a pas abdiqué.

J'attaque le semi sur une très bonne allure pour me mettre à l'abri d'un retour d'Éric. Les jambes répondent vraiment bien. Le parcours est composé de trois boucles avec un peu de dénivelé. Il est possible de voir où sont les concurrents qui nous précèdent à certains passages et je ne vois jamais mon adversaire donc je suis vraiment bien parti. Je caresse du bout des doigts mon rêve de terminer devant. Les frissons m'envahissent. Je décide de faire une petite pause technique au 19ème km pour me calmer un peu et faire retomber l'excitation. Plus que deux petits kilomètres et je gagne la dernière manche. Mais cet arrêt enraille toute la mécanique. Mon corps, qui était si vigoureux avant cet arrêt, devient flasque. C'est la panne sèche au moment de conclure, la déception est grande.

Je n'ai plus de carburant pour avancer et ma vision commence à se troubler. Je suis en train de faire une hypoglycémie et je n'ai plus rien sur moi pour recharger les batteries. Un des concurrents me propose un remontant pour reprendre vigueur mais je lui laisse car il a encore un tour à faire. Les deux derniers kilomètres sont un véritable calvaire car les minutes défilent. De nombreux concurrents me doublent mais toujours pas Éric. La ligne d'arrivée m'attend impatiemment pour la conclusion. Je donne mon maximum pour la rejoindre. Plus qu'un ponton sur l'eau à franchir, je fais attention de ne pas chavirer. Je n'ai pas besoin d'une douche froide pour calmer mes ardeurs qui sont déjà éteintes.

Je retrouve un semblant d'énergie dans la dernière ligne droite pour achever mon premier half épuisé en 6h13mn48s à la 504ème place. Éric arrive moins de 2 minutes derrière moi. J'ai remporté cette dernière manche. Nous sommes tous satisfaits de nos performances car Éric et Marc battent tous les deux leur record sur cette épreuve. Éric est même très heureux car c'est la première fois qu'il double un concurrent en descente... L'année 2017 s'achève sur ce dernier acte.

J'ai longtemps repoussé cette discipline me disant que c'était un investissement immense. Mais cette épreuve m'a prouvé qu'il était possible de concilier triathlon et vie familiale.

Chapitre 3
Alpsman - Découverte

« Celui qui est incapable de s'émerveiller a pratiquement cessé de vivre »

Einstein

Durant ma préparation de l'Etape du Tour, je partage beaucoup de sorties avec Cloclo qui vient de réaliser son premier Ironman. Il me parle d'un petit nouveau qui le tenterait bien. Il éveille ma curiosité et je regarde le teaser de cette épreuve qui me donne des frissons. Je n'ai pas encore participé à un vrai triathlon que je veux déjà me lancer sur un Ironman, l'idée ne fait que grandir au cours de cette année 2017.

L'inscription

Voilà maintenant trois mois que j'ai délaissé le triathlon après mon épreuve à Gérardmer. J'avais terminé l'épreuve, épuisé à la suite d'une hypoglycémie, mais ce qui fait rêver tout triathlète c'est le format au-dessus : l'Ironman. Quelque chose d'impensable pour moi il y a quelques années, le type d'épreuve que tu regardes à la télévision mais à laquelle tu ne participeras jamais. Il faut être sacrément barge pour s'y engager.

En effet, il faut enchaîner 3,8kms de natation, 180kms de vélo et terminer par un marathon. Souvent quand on parle de cette épreuve à des néophytes, la question qui revient est

« C'est en combien de jours ? ». L'épreuve se déroule évidemment sur une journée avec des barrières horaires à respecter à des moments clés de la course. Le vélo ou le marathon pris individuellement ne me font pas peur, mais l'enchaînement me paraît surhumain. Quand je vois mon état à la fin d'un marathon, je me demande comment il est possible de courir 42kms après avoir fait tout le reste. Mais mon épreuve la plus redoutée est celle qui est la plus courte, 3,8kms de natation me semble impossible à réaliser.

Au niveau national, deux épreuves sont incontournables pour les Ironman :

- Nice, qui est la course officielle Ironman, qui permet de se qualifier pour le championnat du monde à Hawaï sur cette distance
- Embrun qui est mythique, avec l'ascension de l'Izoard pendant le parcours vélo, et surtout un dénivelé annoncé de 5000m.

Un petit nouveau est en train de faire sa place au milieu de ces deux épreuves historiques : l'Alpsman. La différence avec les autres est que des ingrédients supplémentaires sont ajoutés pour la rendre encore plus légendaire :

- Le somptueux décor avec le lac d'Annecy et le massif des Bauges.
- Le départ en natation à 5h30, en plein milieu du lac après une traversée en bateau.

- Le parcours vélo, digne d'une étape du tour de France, avec 5 cols au programme et 4300m de dénivelé.
- Et surtout la cloche : Réussir à faire la natation, le vélo et les 24 premiers kilomètres du marathon en moins de 12h pour sonner la cloche. Celui qui sonne la cloche peut obtenir le tee-shirt noir de top finisher, alors que les autres se contenteront d'un tee-shirt bleu de lake finisher. Le top finisher doit terminer sa course par un trail et la montée du col du Semnoz, alors que le lake finisher reste le long du lac.

Après avoir visionné tous les reportages disponibles sur le net à plusieurs reprises, dévoré de nombreux récits, je suis prêt à me lancer dans ce défi fou. Une nouvelle page de ma vie sportive va s'inscrire, j'entre dans le monde de l'ultra.

La 1ère édition a été dantesque car l'épreuve se déroulait en Octobre. Le froid était omniprésent et le soleil n'était pas levé à 5h30. De nombreux concurrents se tromperont sur le parcours de natation et peu finiront à cause des conditions météorologiques. Cette première édition devait être unique et les participants ont dû en garder un souvenir mémorable.

Le mois de Juin a été choisi ensuite pour effectuer les autres éditions. Une période plus propice : journée plus longue, températures plus agréables dans le lac et aux sommets des cols.

A la veille de Noël, je décide donc de m'inscrire à la 3ème édition de cette épreuve. Je serai accompagné de Cloclo et nous tenterons d'être top finishers. Deux mecs du plat pays en route pour une aventure de dingue.

Je suis un novice dans le triathlon avec un seul half à mon actif et je m'attaque direct à la distance extrême. J'aurai pu me contenter du Chtriman de Dunkerque et son parcours extrêmement plat. Pourtant, je choisis celui avec une épreuve vélo digne d'une étape du Tour de France.

Tout me fait peur dans cette épreuve, mais je suis attiré par ce challenge : aller au bout de moi-même pour atteindre le sommet. Je me rappelle une série de ma jeunesse « Extrême Limite » avec le générique suivant : « Toujours plus loin, plus haut, plus vite, jusqu'au bout de l'extrême limite ». Cette phrase colle parfaitement à mon état d'esprit du moment.

Un début d'hiver tranquille

Je suis inscrit depuis Décembre mais je ne suis pas pressé d'attaquer la préparation. Je continue le running sans me préoccuper du vélo. Je considère que trois mois de préparation spécifique seront suffisants pour m'attaquer à cette épreuve hors norme. Donc je continue mon quotidien de runner en me préparant pour des courses sur 10kms.

Il faut 12 semaines pour une bonne préparation marathon. Je vais appliquer le même principe pour un Ironman.

Cela sera-t-il suffisant ? Je le pense car je suis en bonne condition physique et que j'ai réussi les autres épreuves en optant pour cette formule express.

Un doute subsiste avec ce plan d'entraînement très court qui convient pour un marathon entre 3 et 4 heures. La plus grosse épreuve de ma vie a été l'Etape du Tour en 8h. Je m'apprête à affronter une épreuve qui va durer bien au-delà des 15h.

Plus jeune, j'ai mis le vélo de côté car c'est un sport qui prend énormément de temps. L'année 2017 avait sonné le retour du vélo. Je m'apprête à renouveler le même type d'entraînement pour cette année en m'engageant dans cette épreuve. C'est un retour en arrière de quasiment 15 ans avec de grosses sorties vélo le dimanche matin. Je suis les traces de mon père en consacrant cette matinée sensée être familiale à une sortie avec les copains. En commençant une préparation tardive, je ne serai pas trop absent le dimanche matin. Mais le sport addict est vraiment en marche avec cette épreuve légendaire.

Durant cette période running, je pratique quand même le vélo à faible dose pour dire de « ne pas être fort dépourvu à la reprise ». J'effectue même mon premier 3000m en natation avec Denis, un sport addict du club d'athlétisme. C'est un athlète qui suit des plans d'entraînement à la lettre, fait attention à son hygiène de vie pour performer malgré l'âge avançant. Je suis comme lui sur le premier point, mais beaucoup plus laxiste sur le second point. Je me suis trop privé, étant jeune, pour le cyclisme. Cette séance me permet de voir que je suis capable de faire une grande distance en nageant même si je ne suis pas rapide.

L'objectif du début de saison est de battre de nouveau mon record sur 10kms. J'ai planifié deux courses : la première pour me tester et la seconde pour battre mon record. J'aime participer à des courses à la place des grosses séances d'entraînement, qui sont parfois très difficiles en solo. C'est pourquoi j'en cale une avant l'objectif final.

La première course est une réussite avec une place dans le top 10 et un chrono en progression par rapport à l'année dernière sur ce même parcours. Tous les voyants sont au vert pour l'objectif qui se déroule 3 semaines plus tard.

L'épreuve finale de ma préparation est la course des 4 saisons à Amiens. Je suis inscrit avec Romain du club d'athlétisme, qui suit mes traces en passant du running au triathlon. Toutes les conditions sont réunies pour battre mon record personnel. Le parcours n'est pas aussi roulant que celui de Lesquin, mais il devrait l'être assez pour performer.

Le départ est donné et je pars avec les meilleurs. Mais très rapidement je sens que je ne suis pas dans le coup. Sur les deux premiers kilomètres, j'arrive tout de même à m'accrocher mais ensuite plus rien. Les jambes ne répondent pas comme d'habitude et je me fais doubler en permanence. Je reconnais des gens que j'ai l'habitude de battre. Ils me passent devant et je suis incapable de les suivre. Cette course n'est pas un long fleuve tranquille et je termine avec un chrono plus que moyen. Je ne comprends pas ce qu'il m'arrive car rien ne présageait cette situation.

Ce sentiment d'impuissance est très difficile à digérer. C'est une des difficultés du sport : avoir tout bien fait pour préparer une épreuve et ne pas concrétiser le jour J. Sur un 10kms, ça n'a pas une grande importance car il est possible d'enchaîner dès le week-end suivant. Mais sur des épreuves de type marathon ou triathlon XXL, qui ont demandé beaucoup de sacrifices dans la préparation, c'est très difficile à accepter. Ces épreuves représentent au minimum trois mois d'investissement et il n'est pas possible de se rattraper sur une autre course immédiatement. J'ai peur de vivre cette situation le jour de l'Alpsman, ce qui m'empêcherait d'être top finisher mais aussi peut-être de terminer l'épreuve.

Après la déception, il est temps de se consacrer pleinement à la préparation de ma première épreuve d'ultra.

Je débute les entraînements spécifiques mi-mars avec essentiellement du vélo et en parallèle un plan marathon. Le volume va augmenter au fil des semaines. Moi qui avais été plutôt raisonnable pendant plusieurs années, je commence à basculer tout doucement vers un déséquilibre entre vie familiale et sportive. A mes débuts dans le running, le week-end était ma pause sportive de la semaine alors que maintenant mes plus gros entraînements sont faits durant ces deux jours.

La reprise du vélo avec des sorties plus longues est difficile. Même si je n'ai pas coupé totalement, j'ai fortement diminué ces derniers mois, donc ça pique. Les conditions sont encore hivernales à la reprise et me rappellent ma jeunesse. Je faisais les sorties dans toutes les conditions. La piquette aux mains et aux pieds, les membres tétanisés par le froid ne me manquaient pas. La course à pied et le vélo ne sont pas tout à fait identiques musculairement. Je doute sur mes premières sorties et j'ai peur d'avoir commencé ma préparation trop tard. Heureusement mes deux compères David et Cloclo sont là pour m'accompagner et je ne me décourage pas. Je suis très loin du niveau de Cloclo qui a cumulé les bornes depuis le début de saison. Il espère passer de justesse la cloche donc je risque d'en être très loin.

David et Cloclo

Voilà bientôt vingt ans que nous nous côtoyons mais la préparation de cette épreuve va me permettre de les connaître encore mieux car nous allons passer de nombreuses heures ensemble. Ce trio ne va pas s'arrêter en si bon chemin.

David, le champion hors-norme

David est le pur cycliste sur route maintenant, le plus dingue que je connaisse. A bientôt 50 ans, il enchaîne les saisons cyclistes avec un kilométrage digne des professionnels et un niveau que beaucoup de cyclistes rêveraient d'avoir. Comme nous disons dans le monde du vélo, il fait « mal à la gueule » quand il se met au taquet.

Dans sa jeunesse, il a été un « motocross man » confirmé avant que les blessures ne le fassent s'orienter doucement vers un sport plus doux, le VTT, avec de nombreuses victoires. Puis le vélo de route. Il a bien été tenté par le triathlon pour rejoindre notre team, mais son corps lui a fait comprendre que les blessures passées n'étaient pas oubliées.

David, c'est le champion hors-norme qui pense ne pas avoir de capacités extraordinaires. Que c'est grâce au travail effectué qu'il arrive à performer. Mais je n'y crois pas, il a des capacités naturelles qu'il développe grâce à sa pugnacité.

On ne devient pas champion de Picardie et Vice-champion Rhône-Alpes, se classer dans les tout meilleurs de l'Etape du Tour, sans avoir un petit plus qui fait la différence. Je peux m'entraîner autant que je veux, je n'y arriverai jamais. S'il n'a peut-être pas un moteur exceptionnel comme il le dit souvent, il a une force mentale et une résistance à l'effort hors du commun. Je connais peu de professionnels qui se lèvent à 2h du matin pour faire 300kms en prévision du Tour du Mont-Blanc. Il effectue des allers-retours très régulièrement en Belgique pour participer à des épreuves, et enchaîne avec des travaux à sa maison. Son épreuve phare, « Le Tour du Mont-Blanc », est une épreuve de folie avec 330kms et plus de 8000m de dénivelé.

David est un vrai « cycliste addict » qui a beaucoup de mal à lever le pied même quand son corps le supplie. Il fait le métier pour être au top lors des épreuves. La contrepartie est qu'il ne profite pas pleinement car il est toujours obnubilé par la performance au lieu de prendre son temps sur certaines épreuves sans pression.

Je l'admire beaucoup car il faut avoir une motivation à toute épreuve. Ses quelques coups de colère, quand quelqu'un ne prend pas de relais ou fait une accélération en étant resté bien au chaud toute la sortie, sont vites oubliés.

Cloclo le teigneux

Cloclo, alias Claude, est un guerrier qui ne lâche rien et se lance dans des défis fous comme l'Alpsman à 50 ans bien tassés. Il ne fait pas cette épreuve juste pour terminer mais pour être le premier de sa catégorie à aller au sommet du Semnoz. Il est la parfaite image du champion besogneux.

Je connais Cloclo depuis mes débuts dans le cyclisme. Dans mon souvenir, il n'était pas le meilleur mais il était déjà celui qui ne lâche rien. Sa combativité lui a permis de remporter une unique victoire mais il a réussi contrairement à moi. Pendant ma période d'abstinence sportive, nous nous sommes perdus de vue. C'est avec une immense joie que je l'ai retrouvé sur les compétitions de running.

Je me rappelle qu'à mes débuts, Cloclo était loin devant moi. Il m'a fallu de nombreux mois d'entraînement pour dépasser le maître. Mon premier semi-marathon sous les 1h30 a été réalisé grâce à Cloclo. C'est un véritable métronome qui ne lâche rien pour gagner sa qualification aux championnats de France. Il suffit de voir l'expression de son visage à la fin d'une course pour comprendre.

Il s'est bonifié avec le temps grâce à un entraînement poussé à l'extrême. Il est devenu un as dans sa catégorie. Lui qui se lève tous les jours très tôt pour le travail enchaîne quasiment quotidiennement avec de la natation, du running ou du vélo voire les trois la même journée. Ses après-midis sont rythmés par le sport. Même le week-end il se lève aux aurores pour une longue session de vélo.

Il est comme David à toujours en faire trop de peur que quelque chose lui manque. Les blessures viennent lui faire un petit coucou de temps en temps afin qu'il se repose un peu. Il est devenu notre Monsieur Ironman en étant capable d'enchaîner deux épreuves de ce type en moins de deux mois. Il ne se contente pas de terminer les épreuves mais il est là pour performer. Son record en moins de 12h à Nice le prouve.

C'est un addict à l'entraînement et aux compétitions. Il est celui qui mérite le plus d'aller au sommet alors qu'il n'a pas des capacités extraordinaires au départ.

Nous rêvons de nous retrouver au sommet du Semnoz peu avant minuit.

Le magasin d'Antan

Mon précieux est toujours mon compagnon en ce début de préparation mais il commence à avoir quelques années. Ce vélo est ma maîtresse, nous passons beaucoup de temps ensemble sur les entraînements au détriment de mon épouse. J'ai du mal à mettre fin à notre relation. C'est le premier vélo que je me suis acheté, grâce à l'argent gagné durant mes jobs d'été. Nous avons vécu tellement de belles histoires que la séparation est difficile.

La fin de l'étape du Tour avait été pénible avec la montée de l'Izoard et des plateaux qui n'étaient pas adaptés à la pratique de la haute montagne. Donc pour l'Alpsman, il faut que j'investisse dans mon vélo vintage. Nous discutons avec mon précieux et il m'avoue qu'il ne pense pas être capable de réaliser cette épreuve. Il souhaite prendre sa retraite sportive après avoir vécu une année 2017 exceptionnelle. Il ne veut pas faire l'année de trop et veut rester sur cette superbe épreuve de Gérardmer. Nous décidons que ce serait une pré-retraite et qu'il continuerait à m'accompagner pour mes séances de torture sur home-trainer.

J'explique ce choix à mon épouse et nous décidons d'acquérir un nouveau vélo. Direction mon vélociste préféré, Cycles Dubois, pour choisir le remplaçant de mon précieux dans mon raisonnable budget.

Avec mon épouse, nous sommes de la génération qui fréquente les petits magasins comme la boulangerie, le boucher, le primeur et le vélociste. A une époque que je n'ai pas connue, un magasin de vélo existait dans mon village de 150 habitants. Maintenant tous ces vélocistes se font rares. Combien de temps ces magasins de vélos continueront d'exister ? Je ne m'inquiète pas pour les petits magasins alimentaires car les gens y recherchent des produits de meilleure qualité mais aussi meilleurs pour la santé. Le vélo est juste lié au loisir, donc les personnes n'hésitent pas à aller directement dans les grandes surfaces ou sur internet pour trouver des vélos à bas prix.

Par chance, nous avons encore un magasin de vélos près de chez nous, une enseigne avec une âme qui respire le vélo. Je n'ai rien contre les grands groupes que je fréquente également mais il y a ce petit plus qu'on ne retrouvera jamais dans leurs immenses allées. Quand on franchit le seuil de la porte avec ce petit « gling » pour prévenir de notre arrivée, l'odeur du vélo est présente. Je m'y sens bien.

Tout jeune, je le fréquentais avec mon père alors que l'établissement était tenu par un ancien professionnel de vélo, Claude Tollet, victorieux d'une étape du Tour de France en 1973. Je me rappelle parfaitement la disposition de l'époque. Son bureau en plein milieu du magasin. Puis il est repris par un couple, Isabelle et Nicolas, de retour dans leur région d'origine après une escapade à « Paname ». Nicolas est un passionné qui a été très bon cycliste, de niveau régional, avec de nombreuses victoires.

Quand je vais les voir, cela n'est pas juste pour effectuer une réparation ou un achat, c'est également l'occasion de partager un moment convivial. Nous prenons le temps de discuter, de partager sur notre passion loin du tumulte des grandes enseignes. Mon épouse sait que je ne vais pas rentrer immédiatement quand je m'y rends. Le prix des pièces, parfois plus élevé que sur internet, est largement compensé par une main d'œuvre et une réactivité défiantes toutes les grandes enseignes. Quand je passe devant le magasin à une heure matinale, je me plais à regarder la vitrine. J'aperçois régulièrement la lumière de l'atelier où Nicolas est déjà en train d'œuvrer. Donc au moment de changer de vélo, je sais que mon bonheur est ici.

Le prix des vélos est devenu fou aujourd'hui. Pour s'équiper d'un vélo au top : super roues, vitesses électriques, freins à disque... il faut vraiment mettre beaucoup d'argent. Je ne souhaite pas être au top de la technologie car je ne suis pas un accroc aux dernières nouveautés à tout prix. Entre mon vélo vintage et un vélo récent de gamme moyenne, la différence devrait être énorme.

Mon épouse revient de chez Nicolas avec des photos de différents vélos. Ils sont plus ou moins bien équipés en fonction du prix. Très rapidement, mon choix se dirige vers celui au budget le plus important. Un Bianchi Aria de toute beauté conçu pour le triathlon. Retour à mes premiers amours avec cette marque. 20 ans auparavant mes parents m'avaient offert mon premier Bianchi acheté dans ce magasin même. Bianchi reste pour moi à jamais, lié au « pirate italien » Marco Pantani. Un champion hors norme qui a eu une fin de vie tragique après sa carrière sportive. C'est une marque faite pour les épreuves de légende comme l'Alpsman.

On dépasse le budget prévu, mais ce vélo sera mon cadeau d'anniversaire pour mes 37, 38, 39 ans..., Noël 2018,

2019, 2020... Je sais que nous allons réaliser une longue route ensemble. Je conserve uniquement mes pédales vintages en souvenir de mon ancien vélo.

20 ans d'écart entre ces vélos et la différence est flagrante. Avec un tout carbone comme celui-ci, je ne peux qu'aller en haut d'autant plus que les sensations reviennent. Mais un sentiment étrange m'envahit parfois : Je me dis que j'ai moins de mérite avec un vélo tel que le Bianchi. Les performances que j'ai réalisées avec mon précieux, lors de l'Etape du Tour et du triathlon de Gérardmer étaient plus belles. Plus personne ne discutera avec moi pour m'interroger sur l'âge de mon vélo.

Il a été facile de remplacer mon compagnon depuis de nombreuses années. Mais il n'est pas possible de changer ma mécanique donc un check-up m'est imposé.

Le check-up

Je ne suis pas un adepte du médecin. Nous nous voyons une fois par an pour renouveler mon certificat médical. La visite est rapide : vérification de mon poids, de mon pouls et de ma tension. Il me demande si tout va bien et je suis apte pour une année supplémentaire de sport. Avec les nouvelles règles de la FFA[2], un certificat est maintenant valable 3 ans. Nos rendez-vous vont vraiment devenir rares si cette règle s'applique aux autres sports.

---

[2] Fédération Française d'Athlétisme

Mais mon épouse a eu un rendez-vous avant moi. Elle lui a parlé de mon épreuve. Elle souhaite que je consulte un cardiologue. Donc je repars avec mon certificat médical tout de même et deux ordonnances : la première pour un bilan sanguin et le seconde pour une vérification de mon moteur. La théorie veut que nous fassions un contrôle à partir de 40 ans. Je suis donc trop jeune. Mais je m'exécute pour rassurer mon épouse. Il est vrai que je passe dans une autre dimension avec cette épreuve de plus de 15h. Ça ne coûte rien de vérifier.

Aucune anomalie n'est détectée dans mes analyses sanguines. Je me rends confiant chez le cardiologue pour un test d'effort. Tout du moins, c'est ce que je crois. Il va me faire transpirer comme un fou sur un vélo. Il me sortira des statistiques qui me serviront pour mes entraînements : VO2 max, seuil anaérobie... Il n'en est rien. Mes affaires de sport restent dans le sac. Il vérifie uniquement que mon cœur n'a aucun problème. Tout va bien. Il m'indique qu'à mon âge le plus gros risque est le décollement d'une plaque de cholestérol. Je n'en ai pas donc le risque d'avoir un problème cardiaque durant l'épreuve est minime. Ma femme est rassurée.

Je dois consulter également un pneumologue. Je tousse régulièrement après chaque course ou entraînement intensif. Une quinte de toux persistante pendant plusieurs minutes. Je ne m'inquiète pas plus que ça. Donc, j'arrive à esquiver cette nouvelle entrevue médicale. Je peux maintenant attaquer une préparation plus intense.

Ça me rase

Non, je ne suis pas fatigué à l'idée de commencer une préparation intensive. Mais je ne conçois pas de rouler sur mon super Bianchi avec des poils aux pattes. Mais pourquoi ?

Jeune, je répondais « C'est comme ça. Un cycliste doit se raser ». Et maintenant que dis-je à mes amis quand ils me posent cette question ?

Je peux mettre en avant un gain de performance. Une diminution pondérale de l'ordre de quelques grammes. Une meilleure pénétration dans l'air grâce à des jambes lisses. J'ai bien peur que cet argument soit une source de moquerie.

Des jambes plus douces qui augmentent la libido de ma partenaire. Elle a l'impression de découvrir un nouveau corps. Mais c'est faux. Ma femme a l'impression d'être avec une partenaire féminine. Or, elle préfère les hommes.

Le massage de récupération est plus agréable avec des jambes rasées. Sauf que nous ne sommes pas des professionnels, donc ces moments sont inexistants.

Finalement, je suis en panne d'arguments. Ma réponse n'a donc pas changé en 20 ans.

Jeune, j'utilisais le rasoir de barbier avec une seule lame, mes jambes s'en souviennent. Maintenant, c'est une activité familiale. Ma plus grande fille m'aide pour la première tonte. Ensuite, un rasage hebdomadaire sous la douche. Me voilà paré pour attaquer ma préparation Alpsman.

On intensifie la préparation

Début Avril, on planifie le raid du Touquet avec mon copain Éric. Je trouve que cette épreuve est parfaite pour débuter ma préparation. Cette compétition me permet d'avoir un volume d'entraînement conséquent sur deux jours tout en s'amusant sur différentes disciplines...

Le raid commence par une épreuve VTT sur les plages du Touquet. Je n'ai pratiquement pas roulé pour ce raid. C'est une épreuve très difficile pour démarrer. Moi qui suis tellement habitué au bitume, je suis perdu dès que le sable se présente. Ce revêtement n'est pas adapté à mes qualités. Il faut être très puissant.

Quelques kilomètres après le départ, je me prends la tête avec Éric. Soit il roule comme un fou, soit je suis une vraie tortue. Il me propose de pousser mon VTT. Mon orgueil est piqué, je l'envoie bouler : « Tu me fais chier. Qu'est ce qui te prend ? ». Je vois bien qu'il ne force pas alors que je suis à fond. Je ne suis certainement pas dans une forme excellente, le sable n'est pas ma tasse de thé mais le départ est trop rapide. Peut-être veut il me prouver que c'est encore lui le patron après la déconvenue de Gérardmer ? Je laisse passer l'orage. L'épreuve est encore longue.

Nous retrouvons des terrains qui me conviennent mieux. Nous enchaînons les différentes épreuves : Run & Bike, saut dans le vide, parcours du combattant. Enfin, nous arrivons à la dernière épreuve, une course d'orientation. Nous allons commencer de jour et terminer la nuit. Le but est de trouver le maximum de balises pendant la journée car tout se complique dans l'obscurité. La course d'orientation n'est pas notre point fort. Nous avons les jambes mais pas la tête. Éric décide comme à son habitude de foncer tête baissée pour suivre des concurrents. Nous nous retrouvons perdus au milieu de nulle part, quand nous perdons la trace des concurrents que nous suivions. Nous ne parvenons pas à situer notre position sur la carte. Nous nous calmons et repartons à la recherche des balises.

Nous terminons la première journée à la $55^{\text{ème}}$ place, bien loin du top 15 envisagé en début d'épreuve. Demain est un autre jour, nous allons nous reprendre.

La seconde journée se déroule uniquement dans la ville du Touquet. Au programme : VTT, trottinette, Run & Bike, course d'orientation. Celle-ci se passe sans prise de tête. Le running a la primeur pour cette seconde journée. C'est à mon avantage. Éric me laisse aller chercher les balises qui sont les plus éloignées pendant qu'il fait une pause pour débloquer ses coffres à Clash Royal... Du grand n'importe quoi, mais il est difficile de contrôler ses addictions, et je suis bien placé pour le savoir.

Quand le virtuel prend le pas sur la vie réelle

Dans la course d'orientation principale, nous faisons connaissance avec des parisiens qui sont nettement meilleurs que nous dans ce domaine. Nous trouvons pas mal de balises avec eux. La façon dont ils arrivent à se repérer est impressionnante alors qu'ils ne connaissent pas le coin. Ils ont gagné un raid à Paris et ont reçu une invitation pour cette épreuve. Physiquement, nous sommes meilleurs qu'eux mais le physique ne fait pas tout sur ce type d'épreuve. Nous les aiderons ensuite sur la recherche des balises en ville où nous sommes nettement plus à l'aise. Nous terminons à la $42^{\text{ème}}$ place, bien loin du classement de notre précédente édition.

En tout cas, cette épreuve m'a permis de « faire du volume » sur deux jours. La prochaine course est proche. Le duathlon de Douai dans trois semaines. J'aimerais faire une grosse course même si j'ai peu de kilomètres à vélo. Éric et Cloclo sont inscrits aussi. Je suis motivé et souhaiterais terminer devant Éric pour lui prouver que je suis en forme.

Les trois semaines d'entraînement avant la compétition suivante me permettent d'augmenter le volume sur le vélo. Je continue en parallèle, les entraînements de running et de natation où coach Marc m'aide à progresser. Il se met devant en mode « régulateur » et j'essaie de le suivre. Je suis la ficelle picarde et lui l'espadon de Burbure. C'est un surnom que nous donne un de nos collègues qui reflète bien mon niveau de natation.

Le duathlon de Douai se profile. Il est le support des championnats de France cette année donc il va y avoir le gratin de la discipline. Il faut enchaîner 10kms en running, 80kms de vélo et de nouveau 10kms en running. C'est parfait pour voir où j'en suis avant la grosse échéance qui se profile dans un peu plus d'un mois.

Les licenciés, dont Éric, se placent dans les premières positions. Le duo de l'Alpsman, Cloclo et moi-même, les rejoignons quelques instants plus tard. La marseillaise retentit à l'approche du départ. Le stress commence à monter.

Je pars sur un très gros rythme. Je double Éric dès les premiers instants. Cette année, je ne fais pas une course à l'économie, je donne tout sur chaque discipline. Je continue sur une allure soutenue pour terminer les 10kms à quasi 15km/h. La progression des derniers mois en course à pied aide beaucoup. C'est une belle première épreuve. Il faut que je confirme sur le vélo.

Le parcours vélo passe juste devant chez des amis. Ma femme et mes filles ont fait le déplacement pour me voir. Je suis transcendé par leur présence et je suis heureux de les voir pendant les deux boucles du circuit. Le parcours est toujours trop roulant pour mon gabarit même si on a le droit à une petite bosse.

Je croise Éric et Cloclo sur le parcours vélo. Je m'aperçois que je suis plutôt pas mal. J'effectue les 80kms à plus de 31km/h. Je pose mon vélo avec un peu d'avance sur Cloclo alors qu'Éric est un peu plus loin.

Il reste un dernier running de 10kms qui va me permettre de voir si l'enchaînement se passe bien. Le dernier passage du vélo à la course à pied est le plus terrible. Il arrive souvent que des concurrents attrapent des crampes, ce qui était le cas à mes débuts. Je suis nettement plus à l'aise maintenant et je suis capable d'enchaîner rapidement sur un gros rythme.

Je vais tout de même nettement moins vite que le premier 10kms. L'accumulation des deux épreuves précédentes ont éprouvé les muscles mais je tiens un rythme de 12km/h en relâchant sur la fin. Je termine juste devant Cloclo qui est sur mes talons à moins de 2 minutes et Éric qui termine un peu plus loin à 6 minutes. Sur une épreuve de 4h, les écarts sont vraiment faibles mais je termine sur la plus haute marche du podium des amis.

Nous avons beau être de supers copains et faire des entraînements ensemble, j'ai toujours un esprit de compétition qui m'anime quand nous faisons une course ensemble. Mon objectif est de terminer devant les copains. Je suis satisfait de ma performance et je reprends l'entraînement en pleine confiance.

Dans trois semaines, j'ai programmé un stage dans le Jura avec mon copain Christophe. Il prépare un trail montagneux qui se déroule une semaine après mon Ironman. Je suis même tenté par l'aventure mais la raison l'emporte et je décide de ne pas m'inscrire. Ce n'est pas grave, nous trouverons une autre épreuve à faire ensemble plus tard...

Avant d'attaquer le Jura, nous nous faisons une belle sortie vélo de 160kms, avec David et Cloclo, en allant nous promener du côté de Noyon pour avoir des bosses qui durent plus de 1km. C'est une belle sortie et je me sens de mieux en mieux. L'entraînement a été progressif et mon stage doit m'amener à mon pic de forme.

Je participe également au second half de ma vie de triathlète à Choisy-au-bac. Le même trio que Douai est reconstitué pour cette compétition. J'aurai deux half à mon actif donc je peux m'attaquer à un Ironman...

Je pars confiant pour la partie natation. Je pense avoir un bon rythme cependant j'effectue un temps plus mauvais que Gérardmer. Neuf mois que je m'entraîne plus sérieusement pour la natation et j'en suis toujours au même point. La déception est grande. L'inquiétude grandit pour cette discipline lors de l'Alpsman. Je risque de perdre beaucoup de temps et d'énergie sur une distance qui est le double. Je sors en 318ème position sur 363 concurrents.

Cependant, je fais un vélo très correct à plus de 32km/h. Je termine comme un boulet de canon le semi-marathon en 1h32. Je termine finalement à la 115ème place en 5h07min22s. Le bilan global de cette compétition est positif car je finis très frais alors qu'il y a neuf mois j'étais lessivé. Je loupe la barrière des 5h qui était mon objectif secret. Terminer un half en moins de 5h c'est comme terminé un marathon en moins de 3h15, mais je ne suis pas encore à ce niveau.

Éric abandonne sur blessure. Cloclo est très affûté et termine sous la barre des 5h à la 67ème position. Nous sommes tous deux en bonne condition physique et nous croyons en nos chances d'être top finishers. Cloclo a effectué un stage dans les Vosges en début de saison. Je prends la direction du Jura pour grimper des cols.

Le stage en altitude

Ce séjour dans le Jura est le gros bloc de ma préparation et je vais pouvoir enfin faire du dénivelé. Les professionnels font ce genre de séjour tout au long de l'année donc je tente l'expérience qui doit être bénéfique. Le programme prévu est le suivant :

- Une petite sortie de 70kms pour dégourdir les jambes
- Un trail magnifique avec Christophe suivi d'une nage en eau libre
- Une grosse sortie de 180kms avec un enchaînement
- Une dernière petite sortie avant le retour

Nous arrivons en fin d'après-midi, nous déchargeons les affaires et je me dépêche de me préparer pour le premier entraînement. Il est 17h50 quand je pars pour 70kms donc plus ou moins 2h30 théoriquement. Je suis le cuisto de ce séjour donc il ne faut pas que je rentre trop tard pour préparer le succulent repas composé de croque-monsieur. Christophe, de son côté, effectue un petit footing pour se mettre en jambes.

Ne connaissant pas la région, j'ai téléchargé l'application OpenRunner afin de suivre des parcours déjà tracés par d'autres cyclistes. J'ai sélectionné des parcours pour mes trois journées de cyclisme en fonction de la distance et du dénivelé. A l'aide de mon téléphone, je me lance dans cette première sortie tranquille.

Très rapidement, j'effectue une première montée qui est une très bonne mise en jambes. Mais je ne peux pas continuer plus loin car j'arrive dans un cul de sac... La sortie commence parfaitement. Le parcours sélectionné a été fait avec un VTT et non un vélo de route. La personne a pu continuer dans le chemin qui se prolonge devant moi mais je suis stoppé net. J'effectue un demi-tour et je reprends ma route direction la Suisse.

Nouvelle surprise quelques kilomètres plus loin, puisque la route que je dois emprunter est en travaux. Mais je décide de m'engager tout de même, avec un vélo je passe partout. Au bout de quelques kilomètres je suis contraint de rebrousser chemin. Ma sortie de 70kms est en train de se rallonger mais ce n'est pas très grave, j'ai le temps. Christophe attendra un peu... Le reste du parcours se passe sans trop d'encombres avec des descentes très sinueuses et très étroites en Suisse. Je me fais une grosse frayeur quand un automobiliste suisse monte rapidement et ne me laisse que la place pour passer avec mon vélo.

J'attaque la grosse montée du parcours qui va me ramener en France. Je n'arrive pas à trouver mon rythme pour mon premier col de l'année, avec une pente qui avoisine les 9%. Je suis scotché au bitume qui ne rend pas du tout et la nuit est en train de tomber. Je commence à être inquiet surtout que je ne croise personne et que je n'aperçois pas la fin de la montée. Je suis au milieu de nulle part et la batterie de mon téléphone est en chute libre, avec l'humidité qui grimpe.

Je croise enfin deux motards qui viennent en sens inverse. Je leur fais signe de s'arrêter et je leur demande si ça monte encore longtemps, et combien de kilomètres il me reste pour rejoindre le logement. Ils m'annoncent une bonne et une mauvaise nouvelle. Le côté positif est que la montée est quasi terminée, cependant je suis encore très loin de mon point de départ.

Je fais une descente rapide mais il fait de plus en plus sombre. J'adore les descentes mais je trouve celle-ci très longue et je ne vois surtout aucune lumière qui me signalerait la présence d'habitations. Je mets mon téléphone en ultra économie d'énergie pour conserver un minimum de batterie pour tenter un « appel à un ami » en cas de problème. Je vais me retrouver perdu au beau milieu du Jura Suisse et sans téléphone. Je suis sur le point de vivre une nouvelle expérience avec une nuit à la belle étoile sans nourriture, sans eau et sans rien pour dormir. La police va se lancer à ma recherche et tout le monde va s'inquiéter. Le séjour démarre idéalement...

Seul au monde au beau milieu de la nuit

Je suis à la montagne mais c'est un véritable désert humain. Je suis victime d'un mirage en apercevant des lumières au loin, enfin des âmes qui vivent. Je fonce vers ces réverbères, ceux-ci sont bien réels. Je suis soulagé et je retrouve une véritable route. Mais mon périple n'est pas fini car il me reste 20kms alors que la lune a remplacé le soleil. Je vais devoir faire un contre-la-montre pour rentrer à une heure décente, en espérant voir encore quelque chose.

Mais mon chrono individuel se termine très rapidement, victime d'une crevaison au moment où je rentre dans le village. Là c'est le coup de massue pour m'achever. Il était écrit depuis le départ que cette sortie serait inoubliable. Le temps que je répare, il fera complètement nuit. J'avance un peu dans le village en espérant voir une présence humaine et c'est le cas, je ne suis plus seul et je me pose.

Il est trop tard pour rentrer donc j'appelle Christophe avec mes 1% de batterie, le mode ultra économie d'énergie est très efficace. Il commence à s'inquiéter comme ma femme et mes filles qui sont à la maison et n'ont pas de nouvelles de moi. Christophe vient me chercher en Suisse et je passe le temps à discuter avec les jeunes du village. Le retour que je devais faire à vélo est effectué avec Christophe en voiture. Le repas est prêt, c'est la fin de cette première journée rocambolesque.

Après une bonne nuit de repos, il est temps de s'attaquer à un entraînement trail avec Christophe. Le parcours du trail du mont d'Or est disponible en visualisation sur internet, Christophe a fait du repérage, nous allons essayer de suivre le parcours avec le téléphone. Le temps est magnifique et nous partons tôt le matin.

Un petit échauffement pour rejoindre le départ de l'épreuve et nous sommes prêts pour une sortie d'environ 25kms et 1000m de dénivelé. Christophe est le roi du démarrage, il met un gros rythme dès le départ, il est très en forme. J'adapte mon allure en fonction du cardio en marchant dans les passages difficiles car je sais que cette sortie va être usante.

Le départ est une longue montée vers le Mont d'Or, les jambes sont mises à rude épreuve. Christophe baisse enfin le rythme alors que j'accélère au sommet pour prendre de superbes photos. La vue est époustouflante, nous nous posons sur un rocher pour contempler le paysage. Nous sommes bien, avec personne à l'horizon et loin du tumulte quotidien. Après cette pause photo, nous continuons de suivre le tracé.

Le parcours est magnifique, nous naviguons entre la France et la Suisse séparées d'un muret en pierres en guise de frontière. Plus nous avançons, moins Christophe connait le parcours. Nous sommes dans la vraie aventure. Nous naviguons via la carte enregistrée sur le téléphone et le GPS : Du plaisir à l'état pur. Une journée où le chrono ne compte pas. Nous nous perdons plusieurs fois, nous croisons des Suisses à qui nous demandons notre chemin et nous continuons sur une longue descente.

J'explique à Christophe qu'il faut se pencher en avant pour aller plus vite sans faire d'effort supplémentaire. Je suis en train d'admirer l'environnement, quelques secondes d'inattention, ma cheville se vrille. Toute ma préparation est foutue, je serai incapable de participer à l'épreuve avec une entorse à la cheville. Adieu mon premier Ironman, mon rêve d'être top finisher.

Je ne suis pas un champion, le mec qui gagne des courses mais j'ai la chance de récupérer très facilement et d'être très élastique au niveau des chevilles. Il m'arrive régulièrement de me tordre la cheville lors des entraînements, à chaque fois je suis quitte pour une petite douleur ce qui est encore le cas ici. J'espère ne jamais connaitre cette épreuve douloureuse, renoncer sur blessure après une année consacrée à un objectif.

Notre trail se termine gentiment jusqu'à notre logement. C'est mon premier vrai trail en montagne et j'ai pris énormément de plaisir. Quand le slogan dit « La montagne ça vous gagne », je trouve que c'est tout à fait vrai. Je suis un gosse de 36 ans qui vient de découvrir un nouveau terrain de jeu. Il est certain que dans les années à venir quelques trails montagneux seront à notre programme. Christophe souhaite faire le trail de 25kms lors de sa compétition, je le convaincs de s'inscrire sur le grand parcours, 50kms, au grand dam de Nathalie, sa femme. Il faut un peu de piment quand on participe à une épreuve, de l'incertitude, plonger dans l'inconnu, ne pas être certain de pouvoir terminer... Ce sera le cas lors de son épreuve avec l'envie d'abandonner à mi-parcours. Il terminera et sera heureux d'avoir bouclé le grand parcours.

Afin de se détendre de notre activité sportive, nous nous rendons à la piscine. Qu'il est agréable d'être dans une eau bien chaude pour se relaxer avant un beau programme le lendemain. C'est le programme pour Christophe.

De mon côté, je décide de nager en eau vive, dans le lac qui est surplombé par la piscine. J'enfile ma combinaison pour un entraînement d'une heure. Le lac est glacé, nous sommes début Mai et le soleil n'a pas eu le temps de réchauffer l'eau, elle doit être à 10°. Même avec la combinaison, j'ai froid. Je suis venu pour m'entraîner donc c'est parti pour une séance. Je ferai d'une pierre deux coups avec un entraînement et une séance de cryothérapie, qui est très à la mode dans le monde professionnel.

L'idée de départ est de faire un aller-retour à la nage pour traverser le lac, mais au vu de mon « grand » niveau et de la température, je décide de rester le long du lac. Je suis étonnamment seul... Mes mains, mes pieds sont rapidement gelés. Je décide d'écourter la séance et de terminer dans une eau bien chaude mais la piscine va bientôt fermer donc j'attends Christophe en contemplant la vue magnifique sur le lac. C'était ma dernière occasion de nager en eau vive avant l'Aplsman alors je pars moyennement confiant pour cette discipline.

Me voilà prêt pour attaquer la grosse sortie du séjour avec au programme 180kms et plus de 4000m de dénivelé. C'est un parcours équivalent à l'Alpsman en termes de distance et de dénivelé. Je sélectionne de nouveau des parcours sur Openrunner. Cette fois je comprends que je ne suis pas obligé de laisser les données mobiles pour que cela fonctionne donc la batterie ne posera pas de problème. Mon parcours se décompose en deux parties avec une pause rapide le midi pour manger avec Christophe et refaire le plein de boisson et nourriture.

C'est la sortie idéale pour se tester et faire un point sur ma condition physique. Au programme, pour la matinée un parcours montagneux avec pas mal de montées dont le Mont Suchet. Je ne suis pas à l'aise dans les montées du Jura, elles ne sont pas très longues avec maximum 10kms mais le pourcentage est sévère, toujours autour de 9-10%. Je ne peux même pas profiter des descentes car les routes sont étroites donc la moyenne est très faible.

Après la pause déjeuner, je pars à la découverte d'une autre partie de la Suisse pour un parcours un peu plus facile avec uniquement un col et bien sûr quelques autres montées. Je suis mieux sur cette seconde partie car je roule sur de belles routes avec un col routier et une route large pour descendre comme une fusée. La météo est menaçante avec un orage qui monte mais cela restera à l'état de menace. Rien ne vient perturber cette sortie qui se termine tranquillement.

Le kilométrage et le dénivelé sont validés mais la moyenne n'est pas bonne avec un peu plus de 20km/h. Je suis très loin de pouvoir sonner la cloche si j'effectue la même performance le jour J. Le doute s'installe. Je le chasse rapidement en me disant que la sortie trail de la veille a puisé dans mes réserves. Je suis fatigué... Christophe m'attend. Nous enchaînons avec une sortie de 10kms relativement plate pour la région. Christophe est bien reposé et mène le rythme, je suis bien mais la vitesse est un peu trop rapide pour moi. Il ralentit et nous enchaînons les kilomètres sans trop de difficulté. A la fin de la sortie, nous nous prenons pour des coureurs de 100m avec un sprint de folie pour le « fun ». La journée « test » se termine sur une note positive avec un enchaînement facile.

C'est un bilan mitigé après ce séjour. Il va falloir que je sois au top lors de l'épreuve. Même au top cela restera difficile. Je participe à l'Alpsman. Je sais que peu de concurrents arrivent à sonner la cloche. Si j'étais certain d'aller en haut, cette course n'aurait pas le même charme. Il me reste une semaine pour peaufiner la préparation et ensuite « faire du jus » comme on dit dans le jargon.

Le week-end suivant, je fais ma première sortie de boîte avec Cloclo et David. Je donne ce nom à nos entraînements très matinaux, autour de 4-5h du matin. Ma préparation est terminée. J'ai fait un peu plus de 2000kms à vélo. Il est possible que ça soit un peu juste mais j'ai donné le maximum pendant trois mois.

A ce moment de ma vie, je ne me considère pas encore totalement comme un sport addict. Je suis un passionné qui se donne à fond dans le sport pour obtenir des résultats, mais je suis encore raisonnable au niveau de la préparation. L'épreuve à laquelle je vais participer est une épreuve de « dingue » et va me faire basculer lentement vers l'irrationalité.

Entrez dans la légende

Quelques jours avant l'épreuve, je boucle mes affaires. Le stress commence à monter. Je pars dans l'inconnu pour une journée de sport de plus de 15h alors que mon maximum a été l'Etape du Tour en 8h. David m'a dit qu'après 10h de sport, toutes les heures te paraissent le double. Cette phrase m'inquiète et en même temps m'intrigue. Je suis curieux de connaître ça.

Mes parents sont toujours de la partie pour ce type d'aventure. Nous occupons un logement à quelques minutes du départ. Le propriétaire participe à l'organisation de l'épreuve. C'est un excellent sportif avec plusieurs étapes du Tour à son actif. Mais il est surtout un entraîneur de ski très réputé avec notamment Marie Bochet parmi ses athlètes. Elle a remporté de nombreux titres paralympiques.

Pour commencer le séjour et pour se dégourdir les jambes du voyage, nous planifions une petite sortie avec mon père et mon copain d'enfance Frank. Il a déménagé dans la région. Je décide de reconnaître le début de l'épreuve avec une montée de 29kms pour rejoindre le sommet du Semnoz.

Nous sommes jeudi ; donc, nous montons très doucement jusqu'au sommet. Je ne veux pas griller des cartouches mais juste prendre la température. Mon père monte à son rythme à quelques encablures des jeunots qui ressassent le passé. Cela fait quinze ans que nous n'avons pas roulé ensemble. Nous nous voyons trop rarement. Nous aurions pu nous contenter d'un apéro, sans alcool pour moi, mais nous décidons que nos retrouvailles se feront en partageant notre passion.

Nous ne pouvons pas aller tout en haut car la série Cassandre est en plein tournage dans ce décor magnifique. Donc nous redescendons au logement avec une température en chute libre suite à l'arrivée de la pluie en cette fin de journée. Mon père est tétanisé par le froid et la peur. Quant à moi, je suis à mon aise sur des pentes qui permettent de prendre de la vitesse.

La nuit est bonne à deux jours de l'épreuve. L'événement approche mais je n'y suis pas encore totalement. Le stress n'est pas présent car très souvent cela coïncide avec une très mauvaise nuit. Ces nuits sont très importantes. Elles permettent de récupérer un maximum.

Le lendemain est une journée tranquille. Je décide de faire le repérage de la descente principale. Nous prenons la direction du sommet du Semnoz en voiture. J'enfourche le vélo pour visionner les différents virages comme à Gérardmer. La visibilité est mauvaise. Je loupe le premier virage sans conséquence. Mon père passe devant en voiture pour éviter un nouveau désagrément. Ce repérage devrait me permettre de gagner un peu de temps le lendemain et d'éviter certaines erreurs.

La journée passe vite avec la récupération des dossards et des différents sacs ainsi que la dépose du vélo. Je retrouve Cloclo et son copain Jérôme pour une photo sous l'arche de l'Alpsman. Je touche la cloche. J'espère la faire sonner dans quelques heures.

C'est notre première expérience sur cette épreuve. Nous ne savons pas qu'il est obligatoire d'avoir les casques pour déposer le vélo. L'heure limite de dépose des vélos approche. Nous devons repartir au logement où Jérôme emprunte un casque à mon père car il habite à 30 minutes.

L'organisation rappelle les règles avec un briefing et montre l'emplacement de la cloche. Il ne faut pas la toucher avant car cela porte malheur. Je suis mal barré. C'est le premier geste que j'ai réalisé en arrivant. Heureusement, je ne suis pas superstitieux. J'y pense tout de même car tous les détails comptent sur ce type d'épreuve.

Nous mangeons rapidement une pasta party. Nous retournons au logement pour préparer les sacs. La soirée est déjà bien avancée. Nous collons les tatouages sur ma peau avec un peu de mal. Je prépare mes sacs. Je vérifie tout de nombreuses fois. Je peux enfin me coucher vers 23h pour un réveil à 3h du matin. La nuit va être courte mais surtout très agitée. Je me réveille en pleine nuit avec le lit trempé par ma transpiration. J'y vois deux explications : soit je suis vachement stressé soit j'ai chopé froid lors de la descente du Semnoz à notre arrivée. Cet événement ne me chagrine pas plus que ça. Je me sens en forme avant d'attaquer cette journée colossale. Le petit déjeuner se passe tranquillement avec mon père qui se lève aux aurores pour m'accompagner. Il est stressé autant que moi. Il me demande d'être prudent dans les descentes. Ma mère est également nerveuse. Elle pense que c'est trop pour le corps et s'inquiète pour ma santé.

Avant de prendre le bateau, je dépose mes sacs. Je m'aperçois que je me suis trompé. Il y a en effet une couleur différente pour chaque endroit où le sac va être déposé : sur le bateau, au ravitaillement principal du vélo, sur le parcours marathon et en haut du Semnoz. J'informe les bénévoles de mon erreur. Ils m'indiquent qu'ils vont corriger ma bévue. Je n'ai pas l'habitude de ces gros événements. J'engrange de l'expérience pour les prochaines fois.

    Le trio embarque sur le bateau « Le libellule » à 4h30. La température est estivale. Nous nous installons sur les sièges à l'extérieur. C'est une jolie promenade avant le grand saut. Le point d'arrivée s'éloigne. Son éclairage permettant de le visualiser est de plus en plus difficile à apercevoir. J'ai investi dans des lunettes à ma vue pour cette épreuve afin de visualiser les bouées au loin. La traversée se fait dans le calme. Certains concurrents terminent leur nuit pendant cette balade matinale à même le sol. Je sens qu'un grand événement va se passer. Tout le monde est concentré.

    5h, le bateau arrive à destination. Nous descendons pour rejoindre l'endroit où nous devons sauter. La musique « Requiem for a dream » est de plus en plus forte. La pression monte. Il n'est plus possible de reculer. Nous nous encourageons et nous nous souhaitons « Bonne chance ». J'ai peur en m'engageant dans cette première épreuve. J'effectue mon baptême sur cette distance en eau libre. Comment vais-je faire si je suis tétanisé par une crampe au beau milieu de parcours ? Est-ce qu'un canoé viendra à mon secours ? Le lac est immense mais je suis venu pour aller au bout de moi-même. Donc je saute en même temps que Cloclo pour me rassurer. Je suis heureux de vivre cet instant avec lui.

    L'eau du lac est d'une clarté absolue. La température est idéale. Nous rejoignons la ligne de départ en guise d'échauffement. Nous attendons tranquillement. Je discute avec un italien et une jeune belge qui effectue pour la première fois l'Alpsman. Elle a peur du vélo et de ne pas passer la barrière horaire. Le soleil se lève tout doucement. Un paysage fabuleux s'offre sous nos yeux. Le lac d'Annecy et les montagnes autour rendent cette épreuve encore plus magique.

5h30, le départ est enfin donné. J'attaque par l'épreuve que je redoute le plus. Je me suis placé dans les derniers comme à mon habitude. Je ne pense pas qu'un miracle va s'opérer aujourd'hui. Je prends mon rythme. J'arrive à naviguer assez facilement à l'aide de mes lunettes qui ne prennent pas la buée. Je m'éloigne un peu trop à certains moments. Mais je reviens rapidement dans la bonne trajectoire. Je continue à admirer à certaines respirations le paysage qui est somptueux. Je suis en train de vivre un moment inoubliable. Les canoés sont nombreux pour assurer notre sécurité. Je suis rassuré en cas de problème.

Je continue à progresser en buvant quelques gorgées d'eau pour essayer de m'hydrater un peu. Plus les minutes défilent, moins je suis accompagné. Je trouve le temps long. J'aperçois enfin les arbitres qui sont sur des paddles et les deux dernières bouées. Je suis sur le point de boucler mon premier 3800m en eau libre.

Je termine l'épreuve en 1h30 comme je l'ai défini dans mon plan de marche. Je m'aperçois que mon vélo est bien esseulé dans le parc à vélo. En effet, je termine à la $370^{\text{ème}}$ place sur 399 partants. Cloclo termine en 1h17 et la torpille Jérôme en 1h05. Deux concurrents luttent pour terminer cette épreuve en moins de 2h sinon c'est l'élimination.

Je sais que la natation n'est pas mon point fort mais que les épreuves suivantes sont faites pour moi. Maintenant, l'objectif est de réaliser 8h sur l'épreuve vélo.

Le parcours vélo est très compliqué car nous avons uniquement 2kms pour nous mettre en jambes avant d'attaquer le col du Semnoz avec 25kms de montée quasi continue. La natation a puisé de l'énergie mais j'avance sur un rythme correct et je remonte les concurrents un à un même si je trouve que je ne croise pas assez de monde. Tout se passe bien dans cette montée jusqu'au Semnoz qui me convient parfaitement. Je ne lâche pas tous les chevaux car l'épreuve est encore longue. Je croise mes parents qui me disent que je me rapproche de Cloclo donc je suis dans le bon tempo. Il faut que je sois proche de lui si je veux devenir top finisher.

J'arrive au point culminant de l'épreuve à plus de 1600m et l'épais brouillard de la veille n'a pas quitté le sommet. Je ne vais pas pouvoir me faire plaisir totalement dans la descente et il faut surtout que je pense à m'hydrater car je n'ai quasiment rien bu durant la montée, trop concentré à garder un bon rythme. Le parcours est relativement plat ensuite donc je me rattraperai. Sur l'hydratation et la nourriture, j'ai défini également un plan avec un bidon par heure et de la nourriture toutes les 30 minutes. Je suis loin du compte car je n'ai même pas encore fini un bidon après 2h d'effort...

Les premiers lacets de la descente sont dangereux, je le sais grâce à la reconnaissance de la veille mais je loupe quand même le même virage et je me retrouve de l'autre côté de la route. Par chance aucune voiture ne vient en face car la circulation reste ouverte pendant cette épreuve. On ne voit rien dans la descente et je suis incapable d'aller vite. Je me fais doubler par des concurrents que je n'arrive même pas à suivre quelques mètres. C'est une descente à l'aveugle sur sa première partie et je pense que certains concurrents doivent connaitre chaque virage par cœur pour aller aussi vite. Cloclo voit un concurrent passer au-dessus d'un parapet. La visibilité est meilleure sur la fin de la descente et je peux enfin me faire plaisir.

J'arrive au ravitaillement principal pour récupérer mon sac personnel avec mes sandwichs et mes boissons. Je récupère bien un de mes sacs mais c'est celui avec ma veste pour la fin de l'épreuve en haut du Semnoz. Je comprends que mes sacs n'ont pas été retriés… Je perds un peu de temps avec cet aléa mais j'espère surtout que mon sac sur le parcours marathon contient bien ma lampe frontale. Sans cette lampe, je risque l'élimination car il est indispensable d'en avoir une à partir d'une certaine heure. J'informe mes parents qui vont y regarder à leur retour sur le site.

J'attaque le second col de la journée et je cale mon rythme sur un petit groupe. Dès les premières pentes, la respiration excessive d'un jeune à mes côtés m'interpelle et je lui dis de se calmer car nous ne sommes qu'au début de l'épreuve. Il espère aller en haut et moi j'ai peu d'espoir pour lui au vu de son état actuel.

La montée se passe parfaitement et j'attaque la descente qui est un vrai billard. Un concurrent me double ce qui est assez rare et je me cale sur ses trajectoires. Je prends mon pied, le mec enchaîne les virages à toute vitesse et nous doublons pas mal de concurrents en faisant l'intérieur et l'extérieur. Je ne suis pas un montagnard mais je me débrouille quand la vitesse augmente. A la fin de la descente, je vais le voir et lui demande s'il connaissait la descente par cœur. Il me répond : « non que c'était la première fois, mais qu'il habite les Alpes, et de temps en temps il se fait de belles frayeurs ». Il était dans un bon jour et il a maîtrisé parfaitement cette descente.

Le troisième col de la journée, qui est le plus terrible avec les kilomètres accumulés, se profile maintenant. La fin est un mur de 3kms à environ 9% de moyenne et il faut réaliser ce col deux fois ce qui est encore plus démoralisant. Le descendeur fou qui a plus un gabarit de descendeur que de grimpeur me lâche irrémédiablement et de nombreux autres concurrents me passent devant. Je suis littéralement à l'arrêt dans ce troisième col de la journée et je ne comprends pas ce qui m'arrive.

L'écart avec Cloclo repart à la hausse et j'ai le moral dans les chaussettes. Mon rêve de terminer au sommet s'envole en quelques minutes. J'ai même peur de ne pas pouvoir terminer l'épreuve à cause des barrières horaires et je fais des calculs dans ma tête. Il me reste encore 100kms après ce col que je termine péniblement et ils risquent d'être très longs à cette vitesse. Je veux bien avoir une fatigue physique qui s'accumule mais je pense surtout que je suis en pleine déshydratation : la suée de la nuit et mon manque d'hydratation en début de parcours sont en train de me rattraper.

Au km 90, il y a soit une flèche à suivre en direction de la ligne d'arrivée soit une flèche en direction de la seconde petite boucle de 40kms. Je suis bien tenté par le retour direct mais je ne suis pas comme ça ; donc, je repars à l'assaut des deux derniers cols que je viens juste de faire. Je me demande comment je vais réussir à monter le dernier col avec 40kms de plus.

L'avant-dernier col que j'avais grimpé tranquillement me paraît maintenant difficile. Il n'a pas changé mais j'ai pris un sacré coup de vieux en 40kms. Mon physique ne répond plus et je monte comme je peux. Le jeune que j'ai lâché lors du premier passage me double, les rôles se sont inversés en quelques heures. Je comprends à cet instant que je suis vraiment très lent mais je suis incapable d'accélérer. La tête veut mais l'énergie s'est envolée.

Je reviens sur le col qui a anéanti mes espoirs. La situation ne s'arrange pas dans cette montée exposée plein Sud où la chaleur est devenue étouffante. Des concurrents sont arrêtés sur le bas-côté perclus de crampes mais je ne lâche rien et je continue d'appuyer sur les pédales. Le premier de la course me prend un tour soit 40kms d'avance, le coup de pédale est impressionnant. Il est finlandais, c'est un ancien professionnel de cyclisme. De mon côté, je double péniblement deux femmes qui sont en train de se balader et qui discutent sur le fait que le triathlon est particulier et que ça n'est pas très sympa. Il est vrai que le triathlon est une épreuve solitaire mais je trouve que nous sommes quand même solidaires dans l'effort sauf au moment de la natation.

Il me reste 40kms pour rallier l'arrivée et plus aucun col au programme donc ça devrait être une vraie partie de plaisir. Mais le plat de chez nous n'a pas la même signification qu'en montagne et c'est un enchaînement de montées et descentes qui viennent m'achever totalement.

Dans l'avant-dernière difficulté, deux cyclistes d'un âge avancé me doublent et me souhaitent bon courage en me disant que la fin est proche. Je suis vraiment très lent et mon compteur affiche à peine 20km/h de moyenne. Je termine cette partie avec un autre triathlète, nous nous suivons à une distance respectable et discutons un peu. Nous avons effectué tous les deux une préparation light avec 2000kms et nous nous disons que c'est beaucoup trop juste pour cette épreuve légendaire.

Les dix derniers kilomètres en descente permettent de récupérer avant d'attaquer le marathon. Nous avons une dernière frayeur quand un fourgon arrive en face à pleine vitesse dans un virage. Il se penche dangereusement mais reste sur ses quatre roues. Je pose le vélo après plus de 9h donc l'objectif dorénavant est de terminer dans les délais.

Mes parents sont présents au bord de l'aire de transition et ma mère me dit d'abandonner car cette épreuve est trop difficile et c'est aller trop loin pour ma santé. Elle a vu Cloclo qui est resté longuement assis dans l'aire de transition avec l'envie d'abandonner car il a subi le vélo comme moi. Son rêve d'être le premier top finisher de sa catégorie s'est envolé. Mais une bénévole le remotivera pour terminer afin de ne pas regretter. L'abandon ne me traverse même pas l'esprit car je veux terminer mon premier Ironman.

Ce marathon se compose de cinq boucles de 8kms qui sont très roulantes. Je pars avec beaucoup d'envie et sur un bon rythme pour terminer en beauté. J'effectue un petit bout de chemin avec un concurrent qui va sonner la cloche. Son fiston est devant et ils vont effectuer la montée du Semnoz ensemble. Le père et le fils peuvent devenir des top finishers, c'est une belle histoire.

Je m'imagine réaliser cet exploit avec mon père mais celui-ci serait très compliqué. Je ne suis déjà pas moi-même top finisher car je n'ai pas le niveau suffisant. Mais pour mon père, la situation serait très compliquée dès la première épreuve. En effet, c'est un piètre nageur donc son histoire se terminerait rapidement après le saut du bateau soit au fond du lac soit en terminant hors délai.

Plus que 3700m et c'est gagné...

Après le premier tour, mon rythme diminue fortement et j'alterne avec la marche.

J'ai l'occasion de discuter avec un champion de triathlon qui suit à distance son épouse en VTT. Elle va être top finisher. Il me dit de ne surtout pas marcher car la vitesse en marchant est environ 5km/h alors qu'en courant c'est tout de suite 8km/h pour le même effort. Je suis un instant ses conseils mais je me remets rapidement à marcher car je n'ai plus le courage. Je sais que je vais terminer maintenant et le temps m'importe peu.

Je fais connaissance avec un concurrent Suisse qui est dans le même état que moi et nous décidons de terminer la course ensemble en se mettant des objectifs intermédiaires. Nous nous arrêtons rapidement au ravitaillement, nous marchons le temps de manger puis nous courons jusqu'au prochain ravitaillement. Le marathon passe assez vite ensemble avec cette alternance de course et de marche. Nous discutons du travail, du sport...

La nuit commence à tomber et je vais être finisher de mon premier Ironman. C'est une petite déception car je ne termine pas au sommet mais je vais au bout de cette épreuve hors-norme. Je suis fatigué mais heureux d'être allé au bout de cette légende en 16h15 à la 292ème position.

Cloclo termine également cette épreuve une petite heure avant moi et Jérôme devient top finisher pour sa première participation. Il a fait un vélo énorme, a eu un gros coup de moins bien juste après la cloche mais il a réussi. C'est un champion hors-norme.

Ma première aventure Alpsman s'achève ainsi et je sais que les épreuves d'ultra sont des épreuves hors du commun qui demandent un total investissement pour réussir un bon résultat. Ma préparation light avait été suffisante pour une épreuve de 6h comme Gérardmer mais ce n'est pas suffisant pour une épreuve de ce type quand on veut réaliser un résultat. L'objectif était trop élevé au vu de mon entraînement mais je voulais essayer et je sais ce qu'il me reste à faire si je veux être top finisher.

Au moment de récupérer mes affaires, je croise de nouveau la concurrente belge du début qui est toujours en course. Il lui reste un tour à boucler et elle aura également réussi son pari.

Les jours suivants l'émotion est forte lorsque j'écris mon premier récit pour les amis du club d'athlétisme, les nerfs lâchent. Je pleure à l'écriture de mon mail et à la lecture des différents messages de félicitations. Je suis à fleur de peau et je me rends compte que je viens de finir une épreuve incroyable que beaucoup de personnes n'imaginent même pas en rêve.

Je suis entré dans la légende Alpsman. Je ne suis pas top finisher mais mes ami(e)s me considèrent comme un héros car je suis allé au bout de moi-même.

Cloclo et moi sommes forcément un peu déçus de ne pas avoir accompagné Jérôme au sommet. Nous repensons à notre préparation, à notre course pour savoir ce qu'il nous a manqué. Cloclo a son esprit déjà tourné vers son second Ironman de l'année qui se déroule quelques mois après celui-ci. Je réfléchis de mon côté à la suite de la saison tournée vers la course à pied mais le triathlon est terminé pour cette année.

Je n'arrive pas à clôturer totalement le chapitre Alpsman car il me manque quelque chose et ce goût d'inachevé m'incitera à y retourner. David m'a dit qu'il était difficile de revenir à des épreuves avec moins d'adrénaline quand on avait goûté à de l'ultra. Cette phrase me revient à l'esprit quand je décide de découvrir une autre épreuve mythique.

Ma première expérience d'auteur

Voici mon tout premier récit envoyé à mes amis du club d'athlétisme :

Bonjour à tous les amis du PAC,

Mon aventure Alpsman est terminée le long du lac et pas au sommet du Semnoz.

Le saut dans le Lac d'Annecy à 5h30 du bateau est un moment magique, un décor fantastique avec une sécurité au top.

Le vélo est digne d'une étape du tour de France 183 kms, 5 cols 4300m de dénivelé, brouillard, chaleur... Très très difficile. J'ai personnellement craqué pour une performance dans le 3ème col. Après on finit comme on peut.

Ensuite vient le marathon, le long du lac pour ma part car pas du tout dans les temps pour aller au sommet. Alternance de course et marche avec pour compagnon un franco-suisse.

Le tout terminé en 16h15 minutes. Pour ceux qui connaissent, Cloclo n'a pas abandonné. Il a eu cette idée mais c'est un guerrier et il termine en 15h26.

Faire l'Alpsman : C'est vivre une aventure fantastique, aller au bout de soi-même, être fier d'aller au bout, beaucoup beaucoup d'entraînements avec une famille qui nous soutient. Un grand merci à ma femme et à vous la famille du PAC.

À bientôt

Sylvain.

Chapitre 4
SaintéLyon Dantesque

« L'important dans la vie, ce n'est point le triomphe mais le combat. L'essentiel ce n'est pas d'avoir vaincu mais de s'être bien battu. »

Baron Pierre de Coubertin

Une nouvelle folie

L'Alpsman est terminé seulement depuis quelques jours. Je suis déjà en train de penser à un nouveau défi à partager avec Christophe. Nous n'avons pas pu faire le trail du Mont d'Or ensemble. Il faut donc trouver une autre épreuve pour nous réunir. Je surfe sur le net à la recherche des courses mythiques en France pour la fin de saison. Il y a Marseille-Cassis en Octobre mais ça n'est pas de l'ultra. Je suis rapidement attiré par la SaintéLyon qui se déroule en Décembre.

Mon copain Christophe est tout juste rentré de son trail du Mont d'Or. Il marche encore en pingouin à cause des douleurs. Je lui envoie un message pour lui parler de cette nouvelle folie. Il n'hésite pas longtemps à vouloir tenter l'aventure également. Nous avons tous les deux le temps de récupérer durant les vacances d'été avant de penser à cette épreuve qui se déroule en Décembre.

La SaintéLyon fête sa 65ème édition en 2018. C'est une version plus longue de l'épreuve qui est proposée avec 81kms. Le traceur historique de l'épreuve, se sachant condamné, a tracé un parcours unique. Il a voulu regrouper tous les passages mythiques qui ont fait la réputation de cette épreuve durant les précédentes années. Son leitmotiv était que les trailers étaient là pour en chier. Ce sera particulièrement le cas pour cette édition.

Son parcours n'est pas réputé pour sa difficulté. Il se veut même plutôt roulant. C'est parfait pour Christophe et moi qui venons de la route. La particularité de ce trail est que le départ est donné à la nuit tombante. Une grande majorité du parcours est donc réalisé de nuit à l'aide de notre lampe frontale.

Pour limiter les coûts, nous faisons tout sur le week-end : aller en TGV le samedi, épreuve le samedi soir et retour dans la foulée le dimanche. Une nuit blanche nous attend. Je n'ai pas vécu ça depuis mes 18 ans. Je risque de ne pas être beau à voir le dimanche soir.

L'été passe. Nous nous inscrivons début Septembre pour vivre un moment unique de partage.

Christophe, l'enthousiaste

Je ne connais pas Christophe depuis vingt ans. C'est le hasard qui nous a réunis. A une époque où nous avons beaucoup déménagé avec mon épouse, nous avons été ses locataires. Je l'ai vu faire ses débuts en course à pied alors que je pratiquais déjà cette discipline depuis un moment. Au fil du temps, nous sommes devenus des amis avec une passion commune pour le sport.

Christophe fait plaisir à voir. Il découvre de nouvelles disciplines avec enthousiasme. Il n'a plus vingt ans mais redevient un vrai enfant lorsqu'il fait du vélo sur route. Dès la première sortie, il va essayer de se mesurer à notre champion David. Il est celui qui va essayer de suivre un cycliste avec un vélo de route alors qu'il est en VTT. Lors de notre première sortie dans les chemins, il veut voir la vitesse maximale à laquelle nous pouvons aller, essayer de me suivre dans des bosses... Il me rappelle moi à mes débuts quand j'essayais de suivre les meilleurs du club le mercredi après-midi. Nous perdons cet enthousiasme. Nous ne trouvons pas de plaisir à certaines sorties. Mais nous devons vraiment nous dire que nous avons la chance de pratiquer une activité que nous aimons.

Mon influence est mauvaise sur lui au goût de son épouse. Je l'ai poussé à faire le trail de 50kms dans le Jura au lieu du parcours intermédiaire. Nous nous apprêtons à affronter la mythique SaintéLyon avec plus de 80kms alors qu'il avait difficilement terminé l'épreuve dans le Jura. Pour couronner le tout, il souhaite participer à un Ironman alors que c'est un piètre nageur... Il est en train de suivre mes traces pour le meilleur et pour le pire.

Sur les courses sur route, il est comme moi obnubilé par l'amélioration de ses records personnels. Il n'arrive malheureusement pas à se dégager autant de temps que moi pour s'entraîner. Il n'a pas des capacités hors-normes. Quoiqu'il réalise des performances plus qu'honorables avec son peu d'entraînement. Il navigue entre le champion plaisir et le besogneux avec son lot de déceptions. L'amélioration de chaque record nous demande un investissement total. Nous ne sommes pas capables de pulvériser nos records avec deux entraînements par semaine. Pour couronner le tout, il n'est pas épargné par les blessures ce qui freine encore plus sa progression.

Mais Christophe est un homme de défis. Le prochain va être une aventure inoubliable.

La course aux records

De mon côté, je ne souhaite pas faire une préparation spécifique trop longue pour cette épreuve. La préparation Alpsman devrait me permettre de tenir le choc sur la distance.

Mon objectif à court terme est de battre mon record sur 10kms en descendant sous les 36 minutes. Donc je travaille cette distance pendant 2 mois afin de réaliser un excellent chrono lors de mon 10kms fétiche. Celui de Lesquin. Je reconduis donc la préparation de l'année dernière. Je m'entraîne en campagne avec un circuit vallonné. Je me pose des questions car mon allure n'est pas fantastique. Mais un dernier entraînement avec le club de Péronne démontre que je suis en très grande forme.

Le jour J est arrivé. Je suis prêt à me battre pour franchir un nouveau palier sur cette distance. Cette course est parfaite. Même avec un chrono en dessous de 36minutes, on n'est jamais seul. Tout se passe bien lors du 1er tour. Je suis dans les temps pour faire un excellent chrono. Je reste au chaud dans un petit groupe qui mène l'allure. Mais très rapidement après le 5ème km, mes compagnons de route me lâchent. Je me retrouve esseulé. Ma vitesse chute irrémédiablement. Elle n'est plus compatible avec mon objectif. J'essaie de tenir. Je sais qu'il y a toujours ce passage à vide du 6-7ème kilomètre. Mais mes jambes ne répondent plus.

A ce moment-là un concurrent belge, lâché quelques minutes avant, me rattrape. Il me double. Un déclic s'opère dans ma tête. Je me dis que je dois absolument le suivre pour battre mon précédent record. Je n'ai pas de crampe, juste de l'acide lactique. Il faut que je donne tout. Tout se joue dans le mental. Je dois surmonter la douleur.

Je le rattrape. Je cale ma foulée sur la sienne. Il n'y a plus que ses jambes qui comptent. Je ne dois pas lâcher. Je ne passerais peut-être pas sous les 36minutes mais je peux encore battre mon record de l'année dernière. A l'attaque du dernier kilomètre, ce concurrent accélère encore. Il en avait gardé sous la semelle. Je ne peux pas le suivre mais je continue sur un rythme vraiment efficace pour terminer au sprint.

Le chrono s'affiche 35'58. Pour deux petites secondes, je peux dire que je suis dans les 35 minutes sur 10kms. Je viens de battre mon record de 30 secondes. Je suis un homme heureux. Je suis content que les entraînements difficiles des deux derniers mois aient payé. A mes débuts, je ne m'imaginais pas faire des chronos aussi rapides. A force de travail, j'ai réussi à gagner 9 minutes par rapport à Douai.

Ce moment d'euphorie est vite oublié. La SaintéLyon approche. Nous sommes début Novembre. Il me reste tout juste 4 semaines. La préparation va être très courte.

La nature est belle

Cette préparation va me permettre de découvrir un autre visage de la vallée de la Somme. Nous empruntons les mêmes chemins qu'en VTT mais de façon plus lente. J'ai plus de temps pour contempler. Cette nature est si propre loin de la pollution et de la saleté qui sont notre quotidien de sportifs routiers.

Je fais partie d'une génération où l'écologie n'était pas le centre de préoccupation durant notre jeunesse. J'ai honte d'avoir été ce cycliste qui laissait une partie de ses détritus sur le bord de la route. Ils encombraient mes poches ou étaient collants donc je ne m'embêtais pas avec ça. Combien de gels ai-je laissés sur le bord des routes ? Rien ne nous sensibilisait à tout ceci. Nous ne faisions que suivre l'image des professionnels du Tour de France.

Heureusement, les temps ont changé. Nous sommes plus respectueux de la nature. Nous emportons un gobelet ou notre gourde pour faire le plein sur les trails. Les gobelets plastiques ont disparu. Les gels restent dans les poches, quitte à abimer son téléphone... Lors de L'Etape du Tour, je garde mes gels énergétiques dans ma poche en compagnie de mon portable. Le téléphone n'aime pas trop l'introduction du gel énergétique au niveau de sa prise de recharge. Ceci aurait pu être bon pour lui donner un coup de boost mais non. Il sera nécessaire de procéder à un nettoyage minutieux pour lui redonner la vie.

Le Tour de France a maintenant des zones de déchets, un jet de détritus sur un triathlon entraîne une disqualification... Nous avons pris conscience que nous devons respecter la nature pour en profiter pleinement. Mais ce n'est pas le cas de tout le monde.

Il ne se fait pas un kilomètre sur le vélo de route sans voir un déchet sur le bas-côté : bouteilles plastiques, canettes, sacs MacDo, pneus, matelas... Ce spectacle est consternant. J'espère que tout ceci va changer rapidement.

Que dire également des pics de pollution qui font maintenant partie de notre quotidien. Les sportifs sont fortement touchés par ce phénomène. Nous inspirons à forte dose quand nous pratiquons une activité sportive. Mes collègues me disent que ce n'est pas raisonnable d'y aller. Je sais en voyant ce brouillard de pollution que je ne devrais pas m'aventurer à l'extérieur. Mais je continue à courir, fractionner quelle que soit la qualité de l'air. C'est un virus invisible que j'inhale à chacune de mes respirations. J'en paierais très certainement les conséquences plus tard.

Même si je pense qu'il est trop tard et que les dégâts sont irréversibles. Les choses évoluent lentement. La terre est atteinte d'un cancer difficile à vaincre. J'ai l'impression que nous avons laissé cette maladie se développer. Elle était connue quand je pratiquais le cyclisme à mes débuts, mais on n'y prêtait pas attention. Il a fallu attendre qu'elle passe au stade 4 pour se mettre à la combattre. Son pronostic vital est engagé. La lutte sera compliquée.

En tout cas, le mouvement est en marche. J'espère que nous laisserons une planète plus belle pour les prochaines générations. Ma fille a dit dans une pièce de théâtre en picard : La nature est belle mais les gens c'est des « crapés ». La vérité sort toujours de la bouche des enfants...

Cette épreuve représente bien cette situation avec un départ et une arrivée dans deux grandes villes polluées. Nous respirons entres les deux avec une partie sauvage dans les monts Lyonnais. En tout cas, je vais profiter de cette nature pendant ma préparation.

La préparation

La forme est là avec ce nouveau record sur 10kms. La préparation Alpsman m'a permis de faire un bon foncier. Je suis confiant pour cette épreuve. L'objectif n'est pas de réaliser une performance monumentale. Nous y allons pour partager une aventure humaine entre copains.

Je demande les conseils d'un vieux sage, Olivier, qui est un habitué des ultra-trails. Au vu du peu de temps qu'il me reste avant d'attaquer cette épreuve, il me conseille de faire un week-end choc. J'applique les consignes. Une semaine après mon 10kms, je change complétement de registre. Deux sorties longues sont au programme du week-end à une vitesse modérée.

La première sortie de 23kms se passe en semi-nocturne avec une partie du groupe du club d'athlétisme. Ils se sont également lancés dans cette aventure, en faisant le parcours intermédiaire avec un départ à mi-parcours. La transition du 10kms au trail est radicale. Ça se passe relativement bien. C'est une bonne sortie dans la bonne humeur avec du dénivelé. Nous croisons des animaux qui se demandent ce que nous faisons à cette heure sur leur terrain de jeu.

Une bonne nuit. J'enchaîne le lendemain en fin de journée avec une sortie longue de 33kms. Je suis en compagnie de Christophe. Il a effectué une préparation spécifique. Les jambes sont un peu lourdes avec la sortie de la veille. C'est le but de courir sur de la fatigue. Nous écumons toutes les côtes que je connais dans la vallée de la Somme. Nous validons notre équipement pour le jour J. Plus les kilomètres avancent, moins nous sommes bavards. Nous effectuons une sortie de 3h30. Nous savons que l'épreuve dans trois semaines ne sera pas si facile.

La préparation express se termine le week-end suivant avec une dernière sortie longue de 33kms. Toujours en compagnie de Christophe. Mes jambes répondent vraiment bien. Nous nous amusons à accélérer sur le final. J'ai effectué le kilométrage total de la SaintéLyon en trois sorties. Je suis prêt à terminer l'année en étant finisher de cette épreuve mythique.

Christophe est un peu inquiet car son genou le fait souffrir à la suite des différentes sorties longues. Il effectuera le minimum de sorties lors des deux dernières semaines pour préserver son genou.

Nous nous faisons des plans avec Christophe en estimant le temps que nous allons mettre. Nous regardons les classements des années précédentes. Nous estimons notre place théorique. Et nous en déduisons notre temps final autour de 10h. C'est d'une logique implacable. La théorie est parfois bien loin de la réalité. Nous allons comprendre que notre raisonnement de coureurs sur route est soumis à bien des aléas.

Une édition unique

Nous sommes début Décembre. Nous scrutons la météo car nous ne savons pas à quoi nous attendre pour cette épreuve en plein hiver. La bonne nouvelle est que les températures sont assez hautes pour cette période. La mauvaise nouvelle est que la pluie annoncée ne se transforme pas en neige. Il ne cesse de pleuvoir toute la semaine précédente la course. L'application météo de notre téléphone va être notre série fétiche pendant une semaine. Nous aurions préféré faire cette épreuve avec une belle nuit d'hiver étoilée. Mais je suis tout de même enthousiaste à l'idée que celle-ci se déroule dans des conditions dantesques.

Nous arrivons tranquillement en TGV à Lyon pour retirer les dossards. Nous ne sommes pas les seuls à nous rendre sur cette épreuve. Les habituelles valises sont remplacées par des sacs de sport.

Nous repérons l'arche d'arrivée. Nous prenons l'un des premiers bus qui va nous emmener à Saint-Etienne. Nous voulons arriver tôt pour être tranquilles, prendre le temps de préparer nos affaires et se reposer un peu avant d'attaquer cette très longue nuit. Nous arrivons dans un immense gymnase pratiquement vide. Les organisateurs finalisent les derniers préparatifs. Nous nous installons dans les gradins pour avoir un siège confortable. Il est à peine 17h. Le départ est donné à 23h30. Nous sommes largement dans les temps.

Les trailers arrivent au fur et à mesure. La salle se remplit rapidement. C'est un film en accéléré. Nous passons rapidement d'une ambiance de monastère à une ambiance de colonie de vacances. Nous reconnaissons les habitués de ce bivouac. Ils ont pris de quoi dormir tranquillement avant l'épreuve : carton, sac de couchage, oreiller... Il y a les novices comme nous. Ils sont venus avec le strict minimum pour le hors-course et une tenue de trailers. Nous sommes à quelques heures du départ. La météo ne change pas beaucoup. Il est certain que nous aurons de la pluie cette nuit. Nous n'aurons également pas trop chaud. Nous nous donnons du courage avec une bonne pasta party avant de nous préparer tranquillement.

Le départ est donné à 23h30 pour la première vague. Les autres vagues sont lâchées ensuite toutes les 15 minutes. A la lecture des différents récits sur cette course, j'ai lu qu'il fallait arriver très tôt sur la ligne pour espérer être dans la première vague. Quitte à patienter dehors sous la pluie et le froid autant le faire pour partir dans les premières positions.

Il est 21h. Nous commençons à nous préparer tranquillement. Les toilettes masculines sont prises d'assaut. Il faut s'armer de patience pour les atteindre. J'aimerais bien être une femme quelques instants car l'affluence est moindre. Avec Christophe, nous sommes prêts. Nous quittons la salle dans les premiers. Nous rejoignons la ligne de départ vers 22H. Nous ne sommes pas seuls. Mais l'arche de départ est vraiment proche. Nous serons donc dans la première vague. La pluie fait une petite apparition pour être sûre que nous ne l'oublions pas. La ligne de départ se remplit. 1h30 à patienter, c'est long. Nous alternons entre position assise et debout. Les concurrents enjambant les barrières ont le droit à une huée. Puis le speaker donne de la voix. La musique de U2 fait son apparition. Nous sommes à quelques instants du départ. Je me retourne. Le nombre de participants est impressionnant. Nous réalisons un clapping en guise d'échauffement avant de nous lancer dans un périple de 80kms.

Nous n'avons pas l'impression de partir pour une longue épreuve. Le rythme est rapide dans les faubourgs de Saint-Etienne. Nous nous arrêtons rapidement pour enlever nos affaires de pluie. Il ne pleut plus et nous commençons à bouillonner dans ces affaires hermétiques. De nombreux concurrents repassent devant nous. Nous reprenons notre route avec une première montée bitumée. Je suis surpris de voir de nombreux concurrents qui marchent. La pente n'est pas si difficile et nous venons juste de partir. Je comprendrai plus tard…

Les dix premiers kilomètres sont vraiment faits pour les routiers. Nous avançons sur un très bon rythme.

Cette épreuve ne pouvait pas rester aussi facile. Nous attaquons les premiers chemins. Ils ont été arrosés copieusement depuis plusieurs jours. Le piétinement par des milliers de coureurs rend la progression de plus en plus difficile. Les chemins deviennent une vraie patinoire de boue.

Christophe n'a plus mal à son genou qui le faisait souffrir ces dernières semaines. C'est l'autre genou qui nous inquiète. Il ressent en effet une douleur depuis le 8ème km. Elle ne fait qu'augmenter au fil de notre progression. C'est un guerrier. Il continue et verra ce qui va se passer.

Nous poursuivons notre route à l'aide de notre lampe frontale. Le serpent lumineux qui est derrière nous est splendide. C'est un spectacle de toute beauté. Je me revois dix ans en arrière en compagnie de mon beau- père pour les 50kms nocturnes de la marche de Liévin. Après un départ rapide, je me suis retourné pour admirer ce balai de lumières. Le nombre de participants était moindre mais le spectacle était aussi magique. Cette première initiation à une épreuve d'ultra reste un souvenir mémorable comme celui que je m'apprête à vivre.

Les conditions sont de plus en plus difficiles. Le traceur, qui est au ciel maintenant, a demandé que la pluie redouble d'intensité pour être sûr que cette édition soit inoubliable. La gadoue est de plus en plus présente. Nous n'avons pas besoin d'aller faire un soin en thalasso ou un combat à Fort

Boyard pour profiter des bienfaits de la boue. Elle est présente en abondance.

Après un parcours relativement facile, nous faisons face à un mur. Nous quittons les sentiers touristiques pour s'attaquer à un mont en ligne droite, la pente est impressionnante. La montée dure environ 1km. La progression est très difficile avec la terre qui se dérobe sous nos pieds. Les arbres nous permettent de ne pas reculer. Nous arrivons au sommet après de très longues minutes.

La montée était compliquée mais la descente est un véritable cauchemar. Je maitrise les descentes de col en cyclisme mais là ce n'est pas la même chose : les pierres, les racines et la boue rendent la tâche compliquée.

J'ai plus l'impression de faire du patin à glace que de courir. Mes notes artistiques sont très mauvaises avec deux chutes. Mais je prends énormément de plaisir à sauter dans les flaques de boue à la manière de Peppa Pig.

La pluie ne cesse de tomber en continue. Ma lampe frontale n'en peut plus. Elle jette l'éponge au beau milieu de la nuit. Nous nous arrêtons près de spectateurs. Ils nous éclairent pour essayer de regarder où se situe le problème. Un changement des piles n'améliore pas la situation. Nous ne pouvons rien faire. L'humidité a pénétré le circuit électronique. Plus aucune touche ne fonctionne. Ma seconde lampe, qui est plus là pour dire d'en avoir une sur moi, n'est pas exceptionnelle pour une épreuve de ce type. Christophe me prête sa seconde lampe.

Nous repartons dans une descente technique juste après cet arrêt. Je cours pendant environ 1km sans regarder derrière moi. Christophe n'est plus là. Je m'arrête, attends un moment et toujours personne. Je fais même demi-tour. Je ne le vois toujours pas. Le temps me paraît une éternité. Je me dis que j'ai dû le louper dans le flot de concurrents qui me doublent. Une silhouette familière apparaît enfin. Christophe est là, notre route peut continuer. Cette fois nous faisons bien attention de rester ensemble. Les kilomètres intensifient sa douleur. Son genou s'est bloqué dans la descente. Il était incapable de repartir après notre arrêt technique.

Nous n'avons pas encore fait la moitié que Christophe souffre terriblement. Pour ma part, je me sens bien mais je suis inquiet pour lui. Je ne suis pas très compatissant avec lui. Je le pousse à continuer, à essayer de courir le plus possible pour être finisher.

Après un ravitaillement, Christophe m'annonce qu'il est incapable de boire et manger. L'épreuve est compliquée avec sa douleur mais sans aucune nourriture il n'est même pas envisageable de rallier l'arrivée. Je ne comprends pas le fait de ne pas réussir à ingurgiter des aliments. Je l'engueule en lui disant que ce n'est pas possible de terminer une épreuve de 80kms sans une bonne alimentation et hydratation. L'Alpsman et Gérardmer m'ont permis d'acquérir de l'expérience dans ce domaine. Je suis le plan défini de mon côté au niveau des ravitaillements. Il se force. Il mange une pâte de fruit qui passe bien. Ce sera son principal carburant pour le reste de l'épreuve. Mais son moral est en baisse avec son genou qui le tiraille de plus en plus.

Il souhaite abandonner à un autre ravitaillement. Je ne le force pas cette fois à continuer. Cette douleur pourrait engendrer des conséquences plus graves dans les mois qui suivent. Je n'ai jamais eu de douleur de ce type. Je pense que contrairement à lui je ne serais pas raisonnable en poussant la machine jusqu'au bout. L'idée d'abandon ne me traverserait même pas l'esprit même si c'est sûrement la meilleure solution.

Il reste une vingtaine de kilomètres. Il décide finalement de continuer. Il veut venir à bout de cette épreuve malgré la douleur. Il me dit de partir car nous avons un rythme qui est lent. Je suis venu pour vivre une aventure de partage. Je ne veux pas le laisser comme je l'ai fait avec mon père lors de l'Etape de Tour. Je mets mon esprit « compétition » en veille pour vivre autre chose.

Le chrono, le classement sont secondaires. L'important est de terminer ensemble, de se soutenir pour être des finishers. Le soleil se lève et chasse la pluie qui nous a accompagnés durant la nuit. J'indique à Christophe que nous allons être justes pour prendre notre train. Il s'en fiche pas mal de l'horaire du train. Il est concentré sur les kilomètres qui défilent et qui nous amènent vers l'arche d'arrivée.

Le parcours est nettement plus roulant. Le bitume a remplacé la boue. Mais Christophe n'arrive pas à mettre un peu plus de rythme. Nous continuons une alternance de marche et de course. Nous entrons dans les faubourgs de Lyon avec de belles petites côtes dans le final. Mais surtout une longue descente en escalier en guise de dernier obstacle pour Christophe. C'est l'ultime épreuve pour son genou, il descend chaque marche en se mettant de côté. Je descends les marches rapidement. Je suis encore vraiment bien physiquement. J'en profite pour faire une pause le long du quai. Je repense à cette édition unique.

Nous sommes à deux kilomètres de la fin. Je dis à Christophe que nous pouvons faire moins de 13h30. Avec l'énergie du désespoir, il accélère. Nous arrivons main dans la main dans le hall immense en 13h24. Nous finissons exactement dans le même chrono et à la même position dans le classement. Nous pouvons être fiers de récupérer cette médaille de finisher.

Notre journée n'est pas terminée. Nous avons le retour à la maison qui nous attend. Pasta party, douche rapide et nous voilà déjà repartis vers la gare TGV avec un peu moins d'énergie que la veille.

Nous ne ressentons pas trop la nuit blanche. Nous retrouvons nos familles. Nous fêtons cette superbe aventure par un petit apéro. Je pensais m'endormir direct en rentrant à la maison avec les 13h de sport et une nuit sans sommeil mais pas du tout. Je me surprends même à être en forme ce soir-là…

Nous venons de vivre une aventure unique qui a été rendue dantesque par les conditions météo et le parcours extrêmement boueux. Christophe a fait preuve de courage pour terminer cette épreuve malgré l'état de son genou. Il a ensuite souffert pendant plusieurs semaines. Il est en effet victime de la fameuse patte d'oie qui touche le coureur à pied. C'est vraiment très douloureux.

Ma première expérience en ultra-trail a été un vrai moment de partage et d'entre-aide. L'année 2018 s'achève sur cette épreuve. Mon esprit se tourne vers mon second Ironman.

Chapitre 5

Alpsman - La cloche

« C'est impossible, dit la Fierté

C'est risqué, dit l'Expérience

C'est sans issue, dit la Raison

Essayons, murmure le Cœur »

William Arthur WARD

La seconde inscription

Après une première expérience sur cette épreuve mythique avec une pointe de déception, je décide de retenter l'aventure pour atteindre le graal : être top finisher au sommet du Semnoz. Je sais que cet objectif va être très compliqué à atteindre. Peut-être même impossible. Mais j'ai envie de croire en moi et de m'en donner les moyens. Pour ma première expérience, j'ai été heureux de terminer mon premier Ironman mais si le scénario devait se répéter, cela serait plus difficile à encaisser.

Donc mon cadeau de Noël est identique à celui de l'année précédente. Une inscription pour la 4ème édition de l'Alpsman. Je suis inscrit dans les 400 premiers pour être sûr d'embarquer dans le premier bateau en compagnie de mes deux compères de l'année dernière.

Jérôme refait cette aventure pour une association : « SEPas impossible » qui aide les malades de la sclérose en plaques dont son père a été victime. C'est vraiment un mec en or. Il va aller au bout de lui-même lors de cette édition.

Cloclo est dans le même état d'esprit que moi. Il veut retenter une dernière fois l'aventure afin de ne rien regretter. Si nous n'allons pas au sommet cette année, nous n'y arriverons jamais car nous savons à quoi nous attendre. Nous savons ce qui nous a manqué pour y arriver et nous allons nous préparer en conséquence.

Mon épouse grince un petit peu des dents avec ce cadeau à plus de 400 euros alors que je ne devais participer qu'à un seul Ironman. Le prix est une chose mais elle sait surtout que je vais augmenter radicalement la dose d'entraînement ce qui va engendrer des petites tensions.

Je dresse un bilan par rapport à ma première édition :

- Ma coupure entre Gérardmer et la reprise en Avril a été trop longue. Plus de six mois sans vélo et la perte de niveau est conséquente,
- Avec un début en Avril, je suis arrivé avec trop peu de kilomètres à vélo. 2000kms pour préparer l'épreuve permet de la terminer mais pas d'être performant,
- Je n'ai pas été sérieux au niveau de l'alimentation. Je n'ai rien changé de mes habitudes alimentaires avec de la nourriture qui apporte du plaisir mais inutile pour le sport,
- Je n'étais pas dans un état de forme optimal le jour J avec un coup de froid quelques jours avant,
- Mon vélo est top mais les roues d'origine sont un peu justes pour une épreuve de ce calibre, avec autant de dénivelé.

Le sport addict qui sommeillait en moi depuis mon arrêt de la compétition dans le monde du cyclisme renaît.

La prépa hivernale

Cette fois, je n'attends pas le retour des températures printanières pour une reprise sérieuse du vélo. Cela fait uniquement 15 jours que la SaintéLyon est derrière moi et je me lance dans la préparation en plein hiver. Je n'ai pas coupé totalement après l'Alpsman mais j'avais fortement diminué pour revenir au running.

Cette coupure partielle me permet de ne pas être trop ridicule lors de ma première longue sortie solo de 3h30 sous des températures négatives à 5h du matin. Garmin me décerne le badge de « Totalement Givré » ce jour-là. Celui-ci est décerné quand un entraînement est réalisé par une température sous 0. Mais il aurait pu m'être décerné pour mon heure de départ également...

La préparation en hiver n'est que du bonheur : les journées courtes, le froid, les conditions climatiques... Le running passe bien en hiver mais le vélo est très compliqué. Mon cerveau n'a pas oublié les sorties hivernales de ma jeunesse avec les mains et les pieds tétanisés, les bidons gelés, les routes glissantes, le réchauffement douloureux des membres après l'entraînement...

Pour cette préparation, je ne suis pas un plan précis comme dans le running. Je prévois une progression régulière du volume d'entraînement pour m'amener au pic de forme en

Juin. Le but est d'arriver avec environ 5000kms de vélo le jour de l'épreuve. Ce volume devrait être suffisant surtout avec un petit stage en altitude pendant la préparation. Je suis un cycle de quatre semaines où trois semaines sont consacrées à un gros volume de sport puis une semaine un peu plus cool. Je répète ce cycle pendant six mois avec une augmentation du nombre d'heures.

Les grosses semaines de travail se composent de sept entraînements sur six jours. Une journée, souvent le Mercredi, est consacrée à un double entraînement avec du home-trainer le matin avant le travail et une activité physique le midi pendant la pause déjeuner.

J'ai la chance mais aussi le courage de caler une séance d'entraînement chaque midi. Les responsables, avec qui je travaille depuis bientôt dix ans, connaissent ma passion pour le sport et sont très tolérants avec mes entraînements quotidiens. Ce sport est devenu une nécessité et me permet de revenir « frais » au travail. En effet, je me trouve plus performant au travail après une séance sportive qu'après une pause classique.

Je décide de ne pas consacrer trop de temps à la natation avec uniquement un entraînement par semaine. Premièrement, cette discipline ne m'enchante pas. Secondement, ce n'est pas le sport qui va me faire gagner l'heure nécessaire pour atteindre la cloche.

Mais dès le mois de Décembre, je profite des vacances scolaires pour caler deux entraînements de 3800m non-stop en crawl. Je tourne en 1h24, ce qui est plutôt bien pour mon niveau et amplement suffisant pour le mois de Juin. De plus, la combinaison devrait me permettre de nager plus rapidement en me fatigant moins...

J'ai consacré un peu plus de temps à la natation ces derniers mois. Je ressens les bénéfices car j'étais incapable de nager cette distance un an auparavant. Je ne nage pas beaucoup plus vite mais je tiens la distance. Il faut maintenant maintenir ce niveau avec uniquement un entraînement hebdomadaire.

La natation est vraiment la discipline dans laquelle je ne trouve pas beaucoup de plaisir. Personne pour discuter pendant les longueurs, toujours le même paysage avec trop peu de sirènes. Des lunettes qui appuient de plus en plus sur le visage... Mais pas le choix il faut quand même s'entraîner pour faire 3800m.

Au niveau du running, je me contente de deux entraînements par semaine. Mon niveau de running est plus que correct avec ma dernière performance sur 10kms donc le but est de maintenir la forme actuelle.

Je décide tout de même de m'aligner sur le marathon de Paris début Avril pour me préparer à cette distance. Encore un week-end loin de la famille alors que c'est l'anniversaire de ma petite dernière... Je pars dans l'optique de battre mon record personnel donc je vais devoir donner beaucoup sur cette épreuve. L'éternelle course aux records personnels va peut-être me jouer des tours mais elle est plus forte que moi.

La préparation est essentiellement basée sur le vélo avec une bonne base foncière sur le début d'hiver et du dénivelé… Ce dernier est vraiment compliqué à obtenir quand on habite la Somme et encore j'ai la chance de ne pas être dans le plat pays.

Donc, nous enchaînons avec David et Cloclo les bosses du coin. Nos moyennes sont très faibles avec des demi-tours permanents pour éviter le plus possible le plat et aller chercher une nouvelle côte. Nous voulons ce qu'il y a de plus difficile dans le coin pour travailler la souplesse, la puissance, le cardio… Les entraînements d'hiver sont difficiles mais les faire à plusieurs « barges » c'est quand même top. Ce trio parcourt les petites routes de la Somme avant que les premières lueurs des maisons s'allument. Nous ouvrons les routes à 5h du matin à l'aide de nos lampes frontales pour enquiller les kilomètres et les bosses.

Les forçats de la nuit

La plupart de ceux qui nous suivent sur Strava trouvent que nous sommes des fous. Les gens ne comprennent pas nos départs très matinaux. Pour beaucoup, rouler de nuit est très dangereux. Il y a les retours de discothèque, les conducteurs alcoolisés… Tout ceci est compréhensible car ceci n'est pas la normalité.

Les cyclistes se retrouvent logiquement en hiver à 9h le dimanche matin pour une sortie de 80kms. Mais nous préparons des épreuves de plus de 15h donc il faut réussir à réaliser de gros entraînements. Nous ne nous contentons pas seulement de réaliser les épreuves mais nous voulons y être performants donc nous pensons qu'il faut de nombreuses heures de selle pour y arriver... Nous pourrions partir à 9h et rentrer à 15h l'après-midi mais où serait la vie extra-sportive qui est déjà limitée.

Il y a bien sûr des côtés négatifs à un réveil très tôt qui engendre de la fatigue, aucun rayon de soleil pour nous réchauffer, un paysage très sombre, une visibilité limitée sur les routes. Par conséquent nous allons moins vite.

Mais au grand dam de nos proches, nous aimons nous retrouver à ce moment de la journée. Cette ambiance nocturne apporte un petit plus dans notre quotidien de cyclistes :

> Le calme est omniprésent. Nous avons l'impression d'avoir les routes pour nous. La journée, il faut partager la route avec les véhicules, qui sont pressés, et être attentif à beaucoup plus de choses. Nous nous sentons en sérénité et en harmonie avec la nature,

> Le réveil de la nature est magnifique. Quel bonheur de voir les chevreuils, les lapins qui ne se méfient pas et restent à quelques mètres lors de notre passage. Le lever du soleil est de toute beauté et nous sommes les premiers à en profiter. Quelle peur également quand un chevreuil sort juste devant nous pour réaliser un strike à quelques mètres près,

➢ Le lent réveil de la ville. Il m'est arrivé assez souvent de rouler seul le samedi matin et de rejoindre la ville pour être plus en sécurité. Péronne, que je fréquente depuis 37 ans, offre un autre visage et je suis plus attentif à son réveil. Je croise le poissonnier qui arrive directement de la mer et qui s'installe en premier sur le marché. Un « ancien » qui se réveille et sort dans la rue pour observer une bête curieuse faisant du vélo. Des personnes un peu trop alcoolisées qui repartent chez eux en parcourant beaucoup de chemins. Ou encore des amoureux qui s'installent pour se réchauffer en voiture...

➢ La lumière artificielle des villes est impressionnante. Ma petite ville de Péronne est visible à des kilomètres uniquement par la réverbération des lumières de la ville. Il parait que la Belgique est reconnaissable depuis l'espace avec ses autoroutes éclairées ! Notre vision s'habitue à l'obscurité et une belle nuit de pleine lune peut suffire à nous orienter.

➢ L'arrivée de notre mécano personnel à 6h du matin. Nous effectuons une sortie très matinale avec David dans des conditions moyennes. Les routes sont humides. Il crève pour la seconde fois à quelques kilomètres d'intervalle. Plusieurs choix s'offrent à lui. Le plus raisonnable est de stopper notre sortie car les conditions météorologiques sont moyennes : pluie, froid, nuit... Ce choix est vite écarté car nous devons faire une sortie longue. La seconde possibilité, la plus logique, est de réparer une nouvelle fois et essayer de rejoindre la maison pour changer de roue. Ce choix est écarté par manque de motivation. Donc nous optons pour la 3ème éventualité. Faire appel à son épouse à 6h du matin... Il risque d'avoir la soupe à la grimace au soir à cause de l'heure très matinale. Julie répond, démonte une roue sur un vélo dans le garage et l'amène en pleine campagne. Notre entraînement peut continuer grâce à une intervention express un samedi matin à 6h, gratuite et sans rendez-vous. Il est difficile de trouver mieux. J'avais déjà expérimenté ça avec mon père mais à 7h du matin car j'étais parti sans pompe et tout le monde dormait dans le village. Avec mon épouse, je n'ai pas encore osé.

L'amour plus fort que tout

Personnellement j'ai fait ce choix de partir tôt pour ne pas empiéter trop sur la vie de famille même si en fait c'est le cas car les après-midis sont parfois longs avec la fatigue. Avec un départ à 5h du matin, je rentre vers 10h à la maison. Ce qui permet d'effectuer plus de 120kms. Mais lorsqu'on cumule sport le dimanche matin et une sortie nocturne la veille, tout devient compliqué le dimanche après-midi. Quand j'avais 20 ans, je tenais ce rythme l'hiver mais on se retrouvait avec mon père pour une bonne sieste dans le canapé.

Pendant toute cette préparation, mon réveil sonne plus tôt le week-end que la semaine avec une sonnerie prévue à 4h du matin. Il y a des nuits vraiment courtes surtout quand nous avons une sortie prévue le samedi soir. Je ne veux pas que toute notre vie tourne autour du sport et être le « rabat-joie » qui dit : « il est l'heure de partir » à 23h. Le rythme du week-end est éreintant mais je tiens le coup et les kilomètres augmentent petit à petit. Nous sommes début Janvier et je réalise déjà des sorties de 130kms.

Ma femme a prévu un long week-end entre copines à la montagne donc j'aurais pu me reposer mais c'est inconcevable.

Aucun week-end tu ne t'abstiendras

Quand on est à fond dans sa préparation, on se dit qu'un week-end sans faire de sortie longue va réduire tous nos efforts à néant. Nous partons dans quelques semaines au sport d'hiver donc je ne peux pas me permettre d'enchaîner deux week-ends en ne faisant quasiment rien. La semaine de sport d'hiver a été calée pour être ma semaine de repos donc c'est parfait mais pas ce week-end entre copines. Il faut que je réussisse à m'entraîner tout en gardant les enfants.

La solution est toute trouvée. Je vais utiliser le home-trainer offert par des amis. Je l'utilise une fois par semaine au sous-sol pour des entraînements spécifiques. Pour ce long week-end, il va remonter bien au chaud à la maison pour guigner le réveil des enfants. Je ne suis pas un grand fan du home trainer mais cet engin de torture permet de pratiquer son activité dans toutes les conditions. Je compare mes séances de home-trainer à celles de piscine où le temps semble très long et le paysage est bien fade.

Ce matériel a bien évolué par rapport à ma jeunesse. Je me rappelle réaliser ce type de séance sur trois rouleaux. La première difficulté était de se lancer pour ne pas perdre l'équilibre et après de ne pas faire trop d'écart sous peine d'être au sol. Avec celui-ci, ma roue arrière est bloquée et je peux adapter la difficulté avec une simple pression sur l'ordinateur de bord. Avec l'ajout de mon téléphone pour visualiser la télévision ou des vidéos, le temps passe beaucoup plus vite.

Je décide de faire une grosse sortie pour commencer le week-end avec plus de 100kms sur le home-trainer à 5h du matin bien sûr. Mes filles se réveillent vers 9h donc ça me laisse le temps d'effectuer ma séance.

Je varie les allures et les exercices pour que le temps passe plus vite. Je regarde le replay des chaînes de sport et je ne vois pas le temps passé. La transpiration est intense, je prie pour que les filles ne se réveillent pas tout de suite afin de ne pas stopper mon entraînement. Il faut dire que cet engin n'est pas très discret donc j'ai peur que ce bruit de ronronnement qui s'intensifie avec la vitesse les réveille.

C'est le cas car ma plus grande vient me voir mais il me reste encore pas mal de kilomètres à réaliser donc je continue. Elle me regarde et doit se dire que son père est vraiment bizarre. Elle est sur le bord de la route en train de me donner de la nourriture, des boissons… La petite se réveille et la séance se termine.

Je viens de réaliser 100kms sur un home trainer ce qui est une grande première pour moi. Tout ceci va payer pour l'Alpsman. Je me forge un moral à toute épreuve avec ce type de séance. Rouler avec uniquement la porte de mon cellier comme unique décor est très monotone. Il faut une énorme motivation pour ne pas arrêter en pleine séance. Cette pugnacité va m'aider le jour de l'épreuve. Je ne vais rien lâcher dans le somptueux décor des Bauges.

Je pense avoir atteint le summum de la folie ce jour-là. Je ne connais pas de cyclistes autour de moi qui ont déjà réalisé 100kms sur le home-trainer. Je viens de pédaler 3h30 non-stop sans avancer du moindre mètre. Je sais que les commentaires sur Strava vont fuser mais dans mon esprit de sport addict je n'avais pas le choix pour continuer ma progression. Je suis tout de même surpris que cette séance soit passée assez vite et je me dis que je peux remettre ça très rapidement.

Il ne faut pas attendre longtemps. Dès le lendemain, je me prépare à réaliser une nouvelle sortie de 100kms. Mais mon pneu n'est pas d'accord. Il explose au début de la séance. Il me fait comprendre que je n'ai pas été raisonnable hier. Je ne me démonte pas et je change le pneu récalcitrant pour continuer ma séance. Ma sortie sur home-trainer est plus courte avec cet incident et le réveil plus matinal de mes filles. Je réalise tout de même plus de 55kms. Je remets ça 3 jours plus tard pour réaliser un total de plus de 200kms sur ce long week-end.

J'ai réussi à m'entraîner correctement. Mon épouse s'est évadée le temps d'un week-end loin de mes préoccupations sportives. Je ne la laisse pas totalement tranquille car je suis en négociation pour une nouvelle paire de roues. Mais ces quelques jours m'ont permis de passer beaucoup de temps avec mes filles pour notre plus grand bonheur. Le sport addict que je deviens ne doit pas oublier que je suis avant tout un mari et un père.

Le sportif égoïste

Au niveau de l'entraînement, je suis extrêmement motivé et j'accumule les kilomètres comme jamais en ce début de saison. Quelques autres petits détails peuvent me permettre de faire la différence...

L'un des éléments les plus importants sur un vélo sont les roues qui permettent vraiment de sentir une différence. J'ai eu un super vélo l'année dernière. Les roues d'origine sont de bonnes roues d'entraînement mais leur poids est un handicap pour grimper les cols. Je peux être plus performant en investissant dans des roues plus légères qui me permettront de grimper plus vite les cols.

J'ai dépensé une somme rondelette pour ce vélo et je veux changer de roues alors qu'elles sont quasiment neuves.

Ma femme ne comprend pas que je veuille réinvestir de l'argent. Elle ne voit pas ce que celles-ci m'apporteront de plus. Nous nous fixons un budget raisonnable qui doit me permettre de trouver des roues correctes d'occasion.

Donc, en plus de passer du temps sur le vélo, je vais passer une bonne partie de mon temps libre à rechercher l'occasion idéale sur « Leboncoin » ou sur « Troc-Vélo ».

J'hésite longtemps entre les roues à pneus et les boyaux que les professionnels utilisent. J'ai toujours roulé avec des pneus et je maitrise les changements en cas de crevaison. Je me décide à rechercher une paire à boyaux car ils permettent de gagner en légèreté, en rendement et en confort. L'inconvénient est la réparation. Il faut savoir coudre pour réparer, ce que je n'ai jamais fait de ma vie. Mais je veux tenter l'expérience au moins une fois dans ma vie de cycliste.

Je passe maintenant une bonne partie de mes soirées et du petit déjeuner à chercher des roues sur la toile. Si une offre est vraiment intéressante, elle ne pose pas car les cyclistes sont à l'affût. Avec un budget de 500 euros qui peut sembler important, je ne trouve rien. Les prix oscillent plus entre 700 et 800 euros. Je finis par abandonner d'autant que c'est un sujet de discorde avec mon épouse. Je réussirai quand même à aller en haut du Semnoz avec mes roues actuelles. Mes jambes feront la différence.

Un jour, David, l'homme qui m'a fortement influencé pour le choix des boyaux, m'envoie un lien vers une annonce dans mon budget. Il ne faut pas longtemps pour réfléchir. Je me mets d'accord avec l'acheteur malgré les réticences de mon épouse.

En plus de consacrer énormément de temps à l'entraînement, je dépense une somme importante alors que nous avons d'autres dépenses à effectuer pour la maison. Je suis sur le fil du rasoir dans mon couple car je ne suis plus raisonnable. Je réfléchis comme un célibataire sans enfant qui peut faire ce qu'il souhaite. Je mets tout simplement la vie de mon couple en danger juste pour une épreuve que je ne suis même pas sûr de réussir. La vie de couple n'est pas toujours simple avec les enfants, les aléas de la vie et je viens ajouter une addiction au sport particulièrement présente dernièrement.

Les roues restent au chaud en attendant les beaux jours. Elles sont un peu comme une voiture de collection que l'on ne sort qu'à de rares occasions et quand la météo est magnifique.

Les roues sont équipées pour l'entraînement mais j'indique à mon épouse qu'il sera nécessaire d'acheter de nouveaux boyaux juste avant l'épreuve. Je veux minimiser les chances de crevaison et il est préférable de rouler avec du neuf. De nouveau une petite dépense à 100 euros, nous ne sommes plus à ça près.

A l'écriture de ces lignes, j'oscille entre le rire et la stupéfaction des dépenses qui sont engendrées par une passion comme le vélo. Autant le running est un sport à la portée de toutes les bourses, autant le vélo reste un sport onéreux.

L'entraînement est ok, l'équipement est au top mais il faut que je sois plus sérieux au niveau alimentation. L'année dernière, je n'ai pas « fait le métier » sérieusement comme on dit dans le jargon cycliste. Je ne me suis certes pas entraîné assez et je n'ai fait aucun effort particulier au niveau de la diététique. Je m'étais promis de ne plus faire ce genre de sacrifice car je l'ai énormément fait adolescent. Mais la cloche est si difficile à atteindre que six mois à faire attention ne représentent rien dans une vie. Au niveau du running, j'ai suivi les conseils au début des veilles de course avec pâtes et viande blanche mais j'ai vite abandonné ne voyant pas la différence.

Donc j'élimine l'alcool des apéritifs entre amis, les gâteaux apéritifs sont remplacés par des pistaches. Les fromages gras sont substitués par des fromages pauvres en matière grasse. Les barres chocolatées et les bonbons sont tout bonnement bannis. Le bacon vient remplacer les lardons, les frites se teignent en vert avec des haricots… De manière générale, nous faisons attention à la maison. Mais pour cette épreuve, je pousse la famille à être encore plus vigilante.

J'élimine toutes les choses que j'apprécie habituellement. L'augmentation du sport et la suppression de tous les aliments inutiles impliquent une diminution régulière du chiffre sur la balance. Mes efforts ne sont pas inutiles. Je retrouve un poids que je n'avais plus atteint depuis quelques années. 62 kilos pour 1m77. Je suis loin des 57 kilos de ma jeunesse, mais je pense que j'étais trop maigre à l'époque. Pour une épreuve de 16h, il faut tout de même avoir quelques réserves.

Mon épouse n'est pas dérangée par mes nouvelles habitudes alimentaires mais n'apprécie pas la maigreur qui s'est installée de nouveau. Je ne lui dis pas que je suis en train de perdre du poids mais elle s'en aperçoit quand elle voit mes côtes de plus en plus apparentes.

Pendant la préparation, je me rappelle un apéro dinatoire avec mon copain David et son épouse Julie. C'est le monde à l'envers, les hommes font attention avec un cocktail sans alcool préparé par mon épouse et avec des aliments peu caloriques à grignoter. Les femmes sirotent un petit verre d'alcool pour un apéro classique.

Le temps consacré au sport pour la préparation reste le gros point noir dans notre vie de famille. Certes, je roule tôt le matin. Je rentre quand tout le monde vient à peine de se réveiller. Mais je ne suis pas là au moment du réveil ni les samedis ni les dimanches. Ma plus grande fille me le reprochera de nombreuses fois. Avant de replonger totalement dans le sport, le samedi était totalement consacré à la famille avec une semi grasse-matinée car je ne suis pas un gros dormeur. Mais le week-end est dorénavant consacré au vélo avec une double dose pour effectuer un maximum de kilomètres.

Ma femme me laisse partir tôt le matin mais je la réveille. Nous faisons régulièrement chambre à part le week-end pour éviter que je la réveille à 4h du matin. Nos escapades nocturnes sont au ralenti, le sport est ma priorité. Malgré tout elle continue de m'aimer. Elle s'inquiète de mes sorties en plein milieu de la nuit particulièrement quand je suis en solo le samedi matin. Elle a peur que quelque chose m'arrive ; donc, son sommeil n'est pas réparateur. Au départ, je me contentais de Péronne by night. Elle était rassurée. Mais j'ai rapidement eu envie de découvrir ma campagne de nuit. Elle s'inquiète de recevoir un appel pour lui annoncer une mauvaise nouvelle. Mes réveils matinaux la fatiguent donc également.

Après les grosses sorties et surtout des nuits très courtes, la fatigue s'accumule au fil des semaines et je deviens plus irritable qu'à l'habitude. J'aime mes filles et ma femme et pourtant je m'énerve facilement. Je ne suis vraiment pas le père et le mari idéal pendant cette préparation alors qu'elles sont formidables.

En plus de ça, je m'apprête à louper deux événements importants : l'anniversaire de ma petite de quatre ans pour participer au marathon de Paris et la kermesse des filles, qui se déroule le même jour que l'Alpsman. Je suis un père indigne, un sportif égoïste dans toute sa splendeur.

Est-ce que la participation à des épreuves d'ultra en recherchant des performances est compatible avec la vie de famille ? Je me pose souvent la question pendant cette préparation et je suis à deux doigts d'arrêter car tout devient trop difficile. Mais ma femme me dit d'aller au bout de mes rêves et qu'ensuite une pause sera nécessaire.

Je partage beaucoup avec David durant cette préparation et j'apprends énormément à ses côtés. Nous n'échangeons pas uniquement autour du sport mais de la vie en général. Il me dit au cours d'une de nos conversations : qu'il n'aurait jamais réalisé ce que je prépare actuellement avec des enfants aussi petits.

Ses filles sont plus âgées maintenant donc il a un peu plus de temps pour réaliser des épreuves longues. Mais à l'époque il se contentait de faire des courses sur route d'un format beaucoup plus court car l'ultra est trop consommateur de temps.

Mon copain d'enfance Frank passe quelques jours dans sa famille et vient à la maison. Il n'est plus accompagné... Une des causes de sa séparation est le temps consacré au sport. Nous en rigolons. Mais je sais que cette histoire pourrait être bientôt la mienne. Il me dit que j'ai de la chance d'avoir une épouse qui accepte ma préparation de dingue.

Le temps consacré au sport ne laisse pas beaucoup de temps et d'énergie pour avancer dans les travaux de la maison. Il faut vraiment que ma femme me fasse comprendre que j'abuse pour réaliser quelques bricoles. Je ne suis pas un modèle dans ce domaine. Il est tout à fait possible de concilier le sport et les travaux. Je trouve même que c'est un moyen détourné de faire de la musculation. Je souhaite profiter un maximum avec mes filles donc je passe le reste de mon temps libre avec elles.

Je ne bois pas, je ne fume pas, je ne me drogue pas, je ne trompe pas ma femme quoique le temps consacré au sport pourrait être consacré à de la tromperie. Mais je suis devenu un sport addict. Comme toute personne sujette à une addiction, je ne suis pas facile à vivre tous les jours. Il faut un entourage qui accepte pour vivre pleinement sa passion.

En tout cas, la conciliation du sport poussé à son extrême et d'une vie de famille épanouie est un équilibre fragile, toujours à la limite de la rupture.

Je dis à ma femme que c'est mon second et dernier Ironman. Je suis certes égoïste mais je veux que notre histoire à quatre dure. Elle me dit sous forme de boutade de ne pas revenir à la maison si je ne fais pas moins de 3h au marathon de Paris et si je ne suis pas top finisher à l'Alpsman. Ces deux objectifs sont compliqués. Je vais déjà tenter de réussir le premier en gagnant 25 minutes sur mon record personnel…

Le marathon de Paris

Après un break d'une semaine pour se ressourcer au sport d'hiver, il est temps de se consacrer à un mini-programme d'entraînement afin de réussir une performance à Paris.

J'ai longtemps hésité à me lancer dans cette course car le marathon est quelque chose d'éprouvant. Cette épreuve me résiste avec un échec à chaque tentative sur des objectifs sûrement trop élevés pour moi. J'ai voulu renoncer même après l'inscription car en plus d'un entraînement plus important en course à pied, je dois abandonner ma petite famille le temps d'un week-end. Nous devons partir le samedi qui est le jour d'anniversaire de ma petite dernière et revenir le dimanche en fin de journée alors que toute la famille est présente. Ma femme ne veut pas que j'abandonne mon copain Christophe donc je vais me lancer à fond dans cette épreuve.

Je vais participer pour la seconde fois au marathon de Paris. L'objectif est de battre mon record personnel ou de faire ça en mode tranquille si la fin de course est trop difficile. Je ne veux pas tout donner si je ne suis plus sur les bases de mon record. Je terminerai au petit trot si c'est le cas.

J'ai la chance de participer gracieusement à cette course et de ce fait ne me demande pas une nouvelle dépense excessive. L'hôtel à côté du départ représente tout de même une somme conséquente.

J'ai toujours suivi des plans d'entraînement précis pour la distance mythique de la course à pied. Mais ils ne m'ont jamais réussi donc j'innove car je ne peux pas consacrer autant de temps au running en cette année Alpsman.

Je décide de faire un plan sur uniquement six semaines, avec trois entraînements hebdomadaires. La particularité est que toutes les séances se feront avec une allure basée sur mon rythme cardiaque entre 160 et 170 pulsations/minute. Lors de mon premier marathon, le voisin de mes parents, un spécialiste du demi-fond dans sa jeunesse, m'a donné le conseil suivant : « Cette course doit se courir comme si tu partais pour un entraînement ». Je n'ai jamais vu cette recette dans les magazines donc je n'y ai jamais prêté attention jusqu'à ce jour.

Je ne perds pas grand-chose à essayer car je ne peux pas suivre un plan d'entraînement à la lettre.

L'entraînement effectué sur le vélo depuis Janvier doit me permettre d'encaisser le marathon même si le volume de course n'est pas important.

Je vais effectuer un entraînement qui va monter crescendo sur quatre semaines avant deux semaines plus tranquilles. Je ne me fixe pas d'objectif précis. Cette course n'est pas ma priorité et j'ai déjà eu trop de déceptions sur cette distance. 3h15 serait un excellent chrono, en dessous serait juste extraordinaire. Mais tout le monde autour de moi dit que je dois pouvoir faire 3h. Cette idée trotte dans un coin de ma tête. Cette barre mythique est un peu comme la cloche à l'Alpsman, quelque chose de très difficile.

Les premières séances ne sont pas là pour me rassurer. Le travail avec le rythme cardiaque ne me donne même pas une allure pour battre mon propre record. Mais je monte en puissance au fur et à mesure des sorties. J'effectue quelques sorties longues dans notre belle vallée de la Somme avec mon copain Christophe. Il vise également un nouveau record personnel. Avant ces sessions running, je monte sur le vélo pour accumuler une fatigue et ne pas délaisser le cyclisme.

Le dernier entraînement solo, avec plus de 30kms sur une allure qui m'amène sur les 3h, me met totalement en confiance pour la course dans deux semaines. Même si je suis toujours embêté avec des problèmes gastriques qui sont la hantise du coureur. Les bosquets du canal de la Somme n'ont plus aucun secret pour moi.

Au vu de ma préparation, l'objectif des 3h semble jouable. Mais je sais que le mur va passer par là le jour de l'épreuve et va me ramener à la dure réalité du marathonien. Les minutes vont défiler dans les derniers kilomètres et vont sembler interminables.

Cette course n'étant pas l'objectif principal, j'effectue même une sortie de 100kms à vélo quelques jours avant l'épreuve. Mon esprit me dit qu'un week-end sans sortie longue sur le vélo sera très préjudiciable pour le triathlon dans deux mois. Mes proches pensent que je viens d'hypothéquer mes chances de record personnel. Je me repose tout de même durant deux jours.

Nous partons en direction de la capitale à quatre mecs le samedi pour retirer les dossards. Nous avons tous des objectifs différents : Christophe et son frère veulent passer sous les 3h30 pour la première fois, Julien réalise son premier marathon avec l'objectif de finir dans un temps correct. Au vu de ses temps au semi-marathon et de sa préparation, il peut réussir à réaliser 3h30, mais il veut rester raisonnable.

Nous retirons rapidement les dossards pour nous poser à l'hôtel. Il est idéalement situé à 1km du départ du marathon de Paris. Je partage ma chambre avec Julien. C'est un bonheur de le voir pour son premier marathon avec un mélange d'excitation et d'anxiété. Il a suivi un plan d'entraînement à la lettre, acheté le pack marathon pour la nourriture et les boissons avec le fameux gâteau du petit déjeuner. Nous lui donnons le surnom de « L'élite » car il s'est préparé très sérieusement pour cet objectif. Il est à fond dedans, il me rappelle mes débuts sur le marathon d'Amiens.

Il a la surprise d'ouvrir son sac et de trouver des mots de ses enfants pour l'encourager. Le bonheur se lit sur son visage, c'est un moment très émouvant. Je cherche vainement les miens dans mon sac mais je ne trouve rien. Julien me dit que mes enfants sont blasés avec toutes les courses que je fais.

Nous nous faisons un bon repas dans un restaurant italien pour manger les fameuses pâtes de la veille. J'avale deux Smecta avant de dormir pour éviter les problèmes gastriques le lendemain. Il n'y a pas grand-chose à la télévision. La nuit commence tôt et se termine rapidement vers 4h30, car Julien est une machine à ronfler. Je ne suis plus fatigué et l'excitation est présente donc j'attends sagement le réveil.

Nous prenons un bon petit déjeuner parmi de nombreux asiatiques venus participer à l'épreuve. Puis nous nous préparons tranquillement. Julien embaume notre chambre avec sa crème magique « Le Baume du Tigre ». Sa compagne ne supporte plus cette odeur car cette lotion est devenue son parfum préféré en cette préparation. Je n'arrive pas à mettre la main sur les deux Smecta d'avant course. Je les trouve enfin. Nous partons avec un peu de retard.

Nous avons la chance d'être en VIP Schneider donc la dépose de nos affaires est très rapide et nous nous pressons de rejoindre la ligne de départ. Je laisse mes camarades car je me suis inscrit dans le SAS 3h et je ne suis pas en avance. Je cours en guise d'échauffement pour le rejoindre car il est en bas des Champs-Elysées alors que les autres concurrents arrivent en sens inverse. C'est un peu la panique et je loupe son entrée. Je me prends pour un Ninja Warrior en escaladant les barrières hautes de 2m50. Je suis enfin sur la ligne de départ. Je n'ai pas le temps de cogiter, le départ est donné rapidement.

Nous sommes plus de 50000 runners au départ. La marée humaine derrière moi est impressionnante. J'aime ce marathon pour son ambiance le long du parcours avec tous les styles musicaux : DJ, rock... La foule est présente en masse pour nous encourager. Et nous avons Paris avec ses monuments magnifiques rien que pour nous.

La météo est idéale. Je suis les consignes que je me suis fixées, c'est-à-dire 2kms à un rythme moins élevé, en mode échauffement rapide, puis j'augmente le rythme. J'ai testé ceci durant les entraînements. Cette distance permet d'être chaud avant d'attaquer sur un rythme plus rapide. J'accepte de perdre du temps au début pour le regagner ensuite.

Il est également prévu de boire une gorgée tous les kms, un gel toutes les 30 minutes et de ne pas dépasser 175 pulsations. Juste avant cette épreuve, j'ai acheté un marathon short qui me permet d'emporter deux gourdes et les gels. Un bon investissement car je ne supporte pas les portes gourdes qui bougent en permanence. Cet équipement me permet surtout d'éviter la cohue des premiers ravitaillements.

Après les deux premiers kilomètres à une allure modérée, j'aperçois le meneur d'allure « 3h » à une centaine de mètres. Je décide de tenter le coup. Le rythme cardiaque est parfait. Soit je ne craque pas et je réussis une performance incroyable, soit je craque et je termine au ralenti la seconde partie.

Je suis tout de même attentif à toutes les consignes du départ et je continue sur un bon rythme sans m'emballer. Le meneur d'allure me double, je repasse devant en fonction de mon cardio. Il repasse... Nous jouons au chat et à la souris.

La problématique d'être avec le meneur d'allure est qu'il y a énormément de monde qui gravite autour de lui. On trouve toujours le runner qui veut absolument rester collé à lui. C'est donc le cas sur cette course. Un coureur sympathise avec le meneur, un vrai moulin à paroles. Il râle dès que quelqu'un casse son amitié naissante en se mettant entre lui et son nouveau copain... Il m'énerve un peu car son flot de paroles incessant est à la limite du supportable et son comportement de râleur est pathétique. Au rythme où nous sommes, à plus de 14km/h, il a peu de chance de garder le rythme. Il va s'épuiser à parler sans cesse.

Je reste concentré et les kilomètres défilent. Je passe au semi-marathon, je suis sur les bases pour faire moins de 3h. Mes jambes ne sont pas au top mais rien de catastrophique. Je prends même un peu d'avance sur le meneur d'allure et son escorte. Des panneaux indiquent les principaux monuments à regarder. Je tourne la tête pour apercevoir les toits de notre Dame de Paris qui partiront en fumée le lendemain.

Nous sommes sur les quais de Seine, la dernière fois, c'est là que j'étais entré dans le dur. Je me rappelle exactement la sortie du tunnel. J'avais senti le début des crampes. Aujourd'hui rien. Je suis mieux que la dernière fois sur un rythme plus rapide.

Pour être sûr de ne pas oublier, un panneau nous rappelle que nous avons passé le mur des 30 kms mais toujours rien pour moi. Mon cardio ne fonctionne plus depuis le semi donc je suis à la sensation en essayant de tenir le rythme des 3h. Mais la fatigue s'accumule. Le meneur d'allure revient sur moi avant de prendre quelques longueurs. Il n'est plus accompagné de son moulin à paroles. Mon moral en prend un petit coup mais je suis tout de même dans les temps pour réaliser une super performance. Le nouvel objectif est de ne pas craquer pour battre le chrono de mes copains de travail. Il faut que je termine en 3h08.

Après chaque nouveau kilomètre, je regarde le chrono de ma montre et je fais des calculs. Les kilomètres défilent, je ne flanche toujours pas au niveau du rythme. Le mur semble être derrière moi. Je suis trop près de la fin pour craquer totalement. Je me sens même plutôt bien sur cette fin de parcours. J'ai même envie d'accélérer le rythme mais je freine mes ardeurs par peur d'une crampe terrible. Je suis dans le chrono pour faire moins de 3h. Le meneur d'allure est vraiment tout proche.

Je patiente avant d'accélérer à partir du 41ème km pour terminer aussi vite que je peux. Je ne ressens aucune fatigue. Les jambes répondent à ce brusque changement de rythme. Je double le meneur d'allure. Je suis euphorique. Je me prends pour Usan Bolt. Je vole littéralement à plus de 17km/h pour terminer en 2h59'18. Je viens de réaliser un rêve. Quelque chose que je pensais impossible à réaliser il y a quelques jours. Je bats mon record de 24 minutes, c'est fou. J'ai enfin réussi sur cette distance d'une manière incroyable.

Je récupère la médaille. Je suis juste heureux. Content d'avoir enfin réussi cette performance sur marathon après plusieurs essais. Je dois me rendre vers la tente Schneider qui se trouve à 500m. Mes jambes qui m'ont amené à un rythme de plus de 14km/h n'avancent plus. La pression, l'adrénaline sont retombées et je divague à travers les concurrents pour rejoindre une distance qui me paraît interminable.

Je suis dans les premiers sous la tente. J'ai droit à un massage pour récupérer. Le corps est douloureux mais ceci me permettra de récupérer plus rapidement. L'objectif n'était pas le marathon de Paris mais l'Alpsman.

Je récupère mon sac. Nous discutons entre marathoniens. Le gars à côté de moi, un Bordelais, vient de faire 2h46. Il bat son record personnel à plus de 45 ans. C'était l'une de ses dernières cartouches et il a réussi. C'est une énorme performance car 2h46 est encore un autre monde. Il termine dans les 400 premiers de l'épreuve. Nous discutons de nos chronos, de mes temps sur 10kms et il me dit qu'à 2h59, je n'ai pas forcé. Je peux faire mieux. A peine l'épreuve terminée, la réalisation d'un rêve, je commence déjà à penser à un autre marathon avec un nouveau record personnel. Je ne tourne vraiment pas rond dans ma tête. J'ai réussi la course quasi parfaite avec pour la première fois du négative split. Ce qui signifie que j'ai couru la seconde partie de l'épreuve plus vite que la première.

Puis nous discutons de mon Ironman. Des questions viennent des coureurs à mes côtés : Tu ne travailles pas ? Tu n'as pas de famille ? Comment trouves-tu le temps ? Toutes ces questions ne font que renforcer l'image du sportif égoïste que je suis. Ils aimeraient se lancer dans le triathlon également mais cette discipline prend trop de temps. Un Ironman n'est pas envisageable. J'ai vraiment une chance inouïe de pouvoir concilier famille, travail et sport.

Je me pose en attendant tranquillement les copains qui sont encore sur le parcours. Le premier à me rejoindre est le frère de Christophe qui termine heureux avec un nouveau record personnel. Il retrouve un niveau correct après une période de blessure. Il me dit que Christophe est parti trop vite. Ça ne m'étonne pas, il ne va pas changer en quelques mois.

Christophe arrive un peu déçu, mais il bat également son record personnel. Il a payé son départ rapide et a subi le mur trop tôt dans la course. Au vu de sa préparation et de sa blessure lors de la SaintéLyon, il est tout de même heureux.

Ensuite, nous attendons un long moment « l'élite ». Julien est un ancien footballeur, fumeur. Il était habitué à des efforts de 90 minutes. Il passe dans un autre monde avec plus de 3h d'effort. Nous savons que sa compagne est venue sur le parcours donc nous espérons qu'il a reçu ses encouragements. Il arrive enfin, épuisé mais heureux d'avoir fini. Il a connu une fin de marathon difficile, comme beaucoup d'entre nous à nos débuts. Après une pause pipi, il n'a pas réussi à repartir sur le même rythme. Il a terminé comme il a pu mais il est marathonien. Il a eu la surprise de voir sa compagne sur le bord de la route. Elle est épuisée par ce marathon à métro, autant que lui.

Julien n'a pas le temps de savourer. Je suis attendu par ma famille pour l'anniversaire de ma fille. Nous le pressons un peu. Le retour à l'hôtel est difficile pour ma part. Je boîte, une douleur au niveau de la hanche. J'espère que ce soit temporaire. Je dois reprendre ma préparation Ironman rapidement. Nous nous apprêtons rapidement. J'arrive un peu tard à la maison mais tout le monde est encore là.

Je me fais plaisir avec du gâteau mais sans alcool bien sûr. Je peux me permettre ce petit écart après les calories dépensées pendant l'épreuve. Je reçois les félicitations de tout le monde. Ma femme me dit qu'elle est fière de moi. Ses mots me touchent. C'est une épouse exceptionnelle sans qui tout cela serait impossible.

Pourquoi ai-je réussi aujourd'hui cette performance sur marathon alors que je n'avais jamais réussi avant ?

- La préparation avec un rythme marathon a été une bonne option, ce rythme n'est pas trop violent et a habitué mon corps à cette intensité.
- Le fait de boire tous les kilomètres et de consommer un gel toutes les 30 minutes m'ont permis de passer le marathon sans le mur.

- Les nombreuses heures de selle m'ont permis d'avoir une préparation foncière idéale.

Est-ce aussi car le marathon n'était pas l'objectif principal de la saison ? Grégoire Chevignard[3] explique qu'il s'est inscrit à un trail de 105kms et 3800m de dénivelé afin de minimiser son premier marathon. Cette épreuve n'est donc plus vue que comme une étape par rapport à un trail beaucoup plus difficile. J'ai abordé cette course avec le même état d'esprit, les 42.195kms n'étant qu'une mise en appétit pour l'Alpsman. Il est certain que j'ai abordé ce marathon avec une pression moindre. Cet aspect a sûrement joué dans cette réussite.

Mais la vérité de ce jour ne sera peut-être pas vrai pour un futur marathon. Je pense que rien n'est écrit d'avance.

Une semaine de semi-repos après le marathon et je reprends le rythme de l'entraînement sans accroc. La douleur a disparu aussi vite qu'elle est venue. Je peux réussir à sonner la cloche à l'Alpsman. Le moral et la condition physique sont au top. Mon prochain séjour dans les Alpes va me permettre de savoir où en est mon niveau dans les cols.

---

[3] Auteur du livre « De mon canapé à la course la plus dure au monde »

Le stage en montagne

Il n'est pas facile de se préparer à une épreuve avec 4300m de dénivelé quand on habite dans les Hauts-de-France. Nous réalisons un exploit quand nous arrivons à réaliser 1500m de dénivelé pour 100kms. Et encore il est nécessaire de faire toutes les bosses du coin avec un demi-tour en haut des bosses pour éviter le plus de plat possible. Heureusement, que cet exercice est souvent fait avec le trio de choc.

Pour réaliser un effort similaire, j'utilise une fois par semaine le home-trainer qui me permet de simuler une montée de col pendant 30 minutes, mais rien ne vaut le vrai terrain.

Les professionnels partent régulièrement à l'étranger l'hiver pour réaliser des stages en altitude donc pourquoi pas nous ? Nous ne sommes pas des professionnels mais nous n'en sommes pas loin dans la préparation de nos épreuves.

Donc nous décidons de nous programmer, entre mecs, un séjour en montagne début Mai dans le massif des Bauges. L'endroit est idéal car c'est le cœur du parcours vélo de l'Alpsman. Nous scrutons la météo tous les jours car elle n'est pas très clémente. Nous hésitons jusqu'au dernier moment à repousser le séjour car la météo est très changeante. Mais il est compliqué de jongler avec le planning de six personnes donc nous restons sur le week-end prévu avec une météo, pas optimale pour le cyclisme, mais suffisante. Je m'absente pour quatre dodos. Nous avons pris l'habitude de parler ainsi avec mon épouse.

Nous rejoignons notre logement. Il est à quelques encablures du 3ème col de l'Alpsman. Nous venons tous pour préparer des épreuves. David en prévision du Tour du Mont-Blanc, 330kms et 8000m de dénivelé malgré une douleur à la cheville persistante. Kévin pour la MB Race, une épreuve de VTT avec 140kms et 8000m de dénivelé. Philippe et Jean-Marc qui veulent réaliser une épreuve dans les Vosges. Cloclo et moi qui venons peaufiner les derniers réglages.

Tout a été préparé par Julie, la femme de David. Le paquetage pour les lits, la nourriture... Nous avons juste à réchauffer les plats, nous devrions nous en sortir. Il nous manque une masseuse pour être dans les conditions des professionnels. Nos compagnes n'auraient pas été aussi conciliantes.... Nous avons juste à penser vélo et à profiter pleinement des trois belles sorties planifiées par David.

Le premier jour, la météo est clémente même si nous sommes loin des températures printanières. Nous avons tous bien dormi sauf le malchanceux Jean-Marc qui fait chambre avec un ronfleur. Il a peu dormi. Il a tout essayé pour perturber le sommeil de celui qui dormait paisiblement à ses côtés : faire un peu de bruit avec sa ceinture, mettre un coussin autour de sa tête sanglé avec celle-ci. Nous sommes tous morts de rire lorsqu'il nous raconte le récit de sa nuit au petit déjeuner, lui est un peu fatigué.

Une première nuit pleine de tendresse

Le planning de notre journée, une petite sortie d'acclimatation de 130 kms durant laquelle Jérôme, notre top finisher de l'année dernière, nous accompagne. Quelques cols sont au programme pour faire un peu de dénivelé. Nous rejoignons le lac d'Annecy où la météo est magnifique. Nous abandonnons nos habits hivernaux pour quelques instants.

Nous débutons par la partie facile du col de Leschaux, un des plus fréquentés de France. Kévin et David mènent le train sur le grand plateau. Je me cale dans leurs roues. Je perds quelques longueurs quand ils mettent encore plus de rythme mais je suis bien.

Nous enchaînons avec le col du Semnoz qui est le point central de l'Alpsman, celui où je vais terminer top finisher cette année. Ce col est long, chacun monte à son rythme. Kévin et Jérôme partent en éclaireur alors que je monte sur un bon tempo. Ce col est nettement moins fréquenté que le précédent surtout au vu de la météo qui est radicalement différente à l'approche des 1600m d'altitude. Nous sommes proches des températures négatives et essuyons quelques flocons de neige. Nous nous regroupons au sommet et nous nous emmitouflons dans nos habits chauds.

La descente du col du Semnoz permet d'atteindre une vitesse importante. Nous dévalons celle-ci avec David, malgré une chaussée légèrement humide sur le haut. Nous sommes tous deux des fous furieux de vitesse. Les autres camarades font chauffer un peu plus les patins des freins. Kévin n'est pas à l'aise pour sa première descente de col avec un vélo de route. Il est plutôt adepte du VTT et des passages techniques mais la vitesse est plus élevée sur la route.

Ensuite, nous prenons la direction d'Aix-les-Bains et le mont Revard pour profiter de la vue exceptionnelle sur le lac. Dans cette montée inédite pour moi, des souvenirs de l'année dernière ressurgissent. L'ascension a débuté depuis seulement quelques kilomètres, je ne me sens pas bien. J'ai beau appuyé sur les pédales, je n'avance plus. Kévin et David s'éloignent alors qu'ils montent sur un tempo raisonnable. Philippe et David reviennent à quelques mètres de moi après un début tranquille, alors que Cloclo, escorté par Jérôme, est vraiment à la peine sur cette première sortie montagneuse.

Je suis en fringale. Je ne me suis pas alimenté correctement durant les montées de col, et le froid ne nous donne pas une sensation de soif. Je mange tout ce que j'ai à ma disposition. Trois barres chocolatées. Je retrouve un peu d'énergie pour terminer l'ascension. L'alimentation et l'hydratation sont deux points très importants le jour de l'épreuve. Cette petite alerte est un très bon rappel. Kévin est tellement tranquille qu'il fait demi-tour dans le col pour rejoindre Cloclo et s'amuse à faire du wheeling à côté de lui. Nous surplombons le lac et le spectacle est magnifique, malgré une vue peu dégagée et un vent qui souffle assez fort.

Le groupe se scinde en deux à quelques kilomètres de la maison. Certains rentrent direct pour se réchauffer alors que nous décidons avec David et Kévin de grimper un col supplémentaire. La descente du col nous a frigorifiés et nous improvisons un arrêt dans une boulangerie avec cookies et chocolats chauds. Ce ravitaillement n'a rien de très conventionnel mais il fait un bien fou. Je monte à mon rythme ce dernier col et nous rentrons pour nous poser devant la cheminée.

Cloclo et moi savons que la cloche va être difficile à atteindre car nous venons de vivre une première journée difficile. Un bon repas et tout le monde va rapidement au dodo pour attaquer les deux prochaines journées. Nous rigolons avec Kévin quand nous entendons la machine à ronfler se mettre en route. Jean-Marc va passer une bonne nuit...

La deuxième journée est logiquement consacrée à la grosse sortie, avec plus de 200kms et 5000m de dénivelé. Mais la météo est vraiment trop mauvaise. La neige est tombée en quantité durant la nuit et le froid qui l'accompagne n'incite pas à mettre le nez dehors. J'essaie de motiver quelque peu les troupes mais personne n'est partant. La grosse sortie est décalée à demain. Nous allons essayer de rouler l'après-midi avec des températures un peu plus chaudes.

Cette matinée est l'occasion de se connaître un peu mieux au tour de la cheminée avec les programmes sportifs de TF1 du dimanche matin en fond sonore. David partage la même passion que Kévin pour le motocross. Il nous raconte ses exploits passés où il débranchait le cerveau pour aller le plus vite possible. Ses multiples fractures et ses nombreux passages à l'hôpital. L'enduro du Touquet, ses victoires cyclistes... Jean-Marc était un passionné de quad avec quelques belles victoires à la clé. Il a également été préparateur de motocross.

Nous apprenons à nous découvrir pendant ce séjour. Nous passons beaucoup de temps sur le vélo ensemble, mais nous ne nous connaissons pas si bien. Nous étions venus pour un séjour purement sportif mais cette matinée sans sport est pleine de découvertes. Cette ambiance autour de la cheminée est chaleureuse et je prends énormément de plaisir à découvrir l'histoire des plus anciens. Je me motive tout de même en fin de matinée pour un running de 10kms afin de mettre en route la machine. Le froid accentué par le vent est nettement plus supportable en running et les sensations sont bonnes. Je retourne au chalet pour un bon repas chaud et nous nous motivons pour une sortie vélo. Nous décidons de commencer par le col juste à côté de la maison et après nous improviserons.

Nous ne restons pas longtemps ensemble sur cette sortie, chacun monte le col de Plainpalais à son rythme. J'ai vraiment le bon coup de pédale et celui-ci, monté deux fois lors de l'Alpsman, me convient parfaitement avec une montée de 12kms à moins de 5%. Le vent pousse dans le dos et je viens de monter très facilement cette difficulté. Nous nous attendons en haut du col et nous nous séparons en trois groupes avec d'un côté :

- Les frileux Jean-Marc et Philippe qui rentrent directement pour se mettre devant la cheminée.
- Les besogneux David et Cloclo qui repartent pour une deuxième fois dans la même ascension.
- Les jeunots : Kévin et moi qui décidons de faire une belle sortie avec une reconnaissance de toute la dernière partie de l'Alpsman et des premiers kilomètres.

Nous prenons donc la direction du col des Prés avec les fameux 3kms à 9% qui m'ont laissé sur place l'année dernière. Je le trouve toujours difficile mais moins que dans mes souvenirs. Il faut dire également que nous avons juste grimpé un col en guise d'échauffement. La fatigue sera plus importante le jour J.

Kévin est facile, très facile. La différence de niveau entre nous est saisissante. Je suis en train d'appuyer comme un forcené sur les pédales alors que j'ai l'impression qu'il mouline. Il fait partie des champions hors-norme, des « mecs » qui ont un truc en plus. Plusieurs fois je lui dis d'aller à son rythme mais il reste avec moi. Le vent est vraiment important pour retourner sur les rives du lac d'Annecy, je reste bien au chaud dans ses roues.

Les premières rampes de l'Alpsman sont compliquées. Je monte tranquille. J'essaierai de mettre un peu plus de rythme quand nous reviendrons demain. Je suis très heureux d'avoir effectué cette sortie de 110kms alors que cela n'était pas gagné avec cette météo. Nous rentrons bien au chaud pour une bonne nuit de sommeil.

Nous sommes en forme après une journée moins intense que prévue la veille. Et il le faut car nous attaquons la grosse sortie du séjour avec une météo nettement meilleure. Les températures sont toujours aussi hivernales mais le soleil est là. Les quatre grands fous du groupe, David, Cloclo, Kévin et moi, partons directement à vélo du logement en direction d'Annecy. Jean-Marc et Philippe prennent la voiture pour écourter un peu la sortie. Nous rejoignons un copain à David qui va nous accompagner en partie.

Il fait toujours meilleur autour du lac d'Annecy. Nous délaissons les surchaussures et les vêtements un peu trop chauds. Cloclo est prudent et se méfie des prévisions météorologiques. Nous avons eu le temps de nous échauffer tranquillement en venant du logement. Le rythme est nettement plus important le long du lac d'Annecy. David et son copain mettent déjà les watts. Nous sommes bien chauds avant d'attaquer le premier col de la journée.

J'ai décidé de faire cette sortie en ne montant pas la totalité des cols à fond. Je vais réaliser des séquences pour alterner rythme rapide et rythme de récupération. Le but est de finir frais cette sortie. Le jour J, il faudra enchaîner avec un marathon. Chacun monte à son allure ce premier col qui est fortement ensoleillé. Je décide de faire un début tranquille. Je mets un coup d'accélérateur dans le dernier kilomètre. Le copain à David réalise l'ensemble de la montée sur la grosse plaque. Nous sommes tous les autres sur le petit plateau. Impressionnant.

Une petite descente et nous attaquons le second col de la journée avec le col de la Croix Fry. Ce col est long avec certains kilomètres à plus de 10%. La température est en chute libre au fil de notre montée. Je réalise un début rapide, puis je prends un rythme tranquille avant de terminer à fond sur les deux derniers kilomètres. Nous faisons une halte au sommet pour nous regrouper. La température est glaciale. La neige présente en abondance sur le bas-côté renforce cette impression de froid.

Au vu des températures à cette altitude, nous escamotons le prochain col qui devait nous emmener à plus de 2000m. Nous redescendons directement à la Clusaz pour manger et nous réchauffer. Les restaurants sont bondés. On nous propose de manger à l'extérieur. Nous déclinons gentiment cette proposition. Nous trouvons un autre restaurant un peu plus chic où on dénote avec nos costumes de cyclistes. Mais nous sommes frigorifiés. Donc nous n'hésitons pas longtemps à rentrer pour nous réchauffer et se restaurer.

Après cet entremet gourmand fort agréable, nous redescendons vers le lac d'Annecy pour une très longue descente. Nous boycottons de nouveau un col car l'altitude finale est bien trop haute pour les températures du jour. Nous attaquons la dernière grosse montée de la journée avec le col de la Forclaz. Il est difficile mais pas très haut. La météo n'a plus rien à voir. Nous passons de l'hiver au printemps en quelques kilomètres.

Ce col surplombe le lac d'Annecy pour une vue à couper le souffle. Je monte rapidement les premiers kilomètres puis je termine tranquillement avec David qui souffre de sa cheville. La fin du col est particulièrement pentue mais je termine frais pour admirer la vue. Nous nous attendons au sommet pour une photo de groupe avec le lac d'Annecy en fond. David nous prévient que la prochaine descente est parfaite pour aller à terre. Pour la plupart, cette information jette un froid. C'est tout le contraire pour moi car je vais pouvoir me faire plaisir. Sans prendre de risque inconsidéré, je prends mon pied en rattrapant puis doublant un cycliste parti devant moi. Puis je m'attaque aux voitures qui me précédent pour terminer cette descente magnifique. Un automobiliste Suisse à la fin de la descente me montre son pouce en l'air pour me dire chapeau. C'est un petit moment de fierté qui arrive souvent en montagne entre cycliste et automobiliste. J'attends tranquillement le reste de la troupe.

Nous rentrons par la piste cyclable du lac d'Annecy avec beaucoup plus de monde qu'à notre départ. Nous appuyons de nouveau fort sur les pédales, trop à mon goût. Nous ne profitons pas de ce cadre majestueux. Nous sommes incapables de nous raisonner et de rouler en mode cyclotouriste pour contempler.

Nous repartons au logement comme nous sommes venus à quatre en terminant la sortie par les premières rampes de l'Alpsman. Je mets un bon rythme et décide de suivre Kévin jusque 700m d'altitude. Nous n'avons vraiment pas le même niveau. Il me lâche un peu avant mon objectif. Nous terminons sur un rythme modéré en doublant un autre cycliste. Je prends le temps de discuter. Il m'indique que c'est son trajet quotidien de retour à la maison. Et que quand les conditions météorologiques sont bonnes, il ajoute le col du Semnoz en supplément. Il est certain que si j'habitais dans le coin, je serais un meilleur grimpeur avec des cols au programme à chaque sortie.

Nous nous scindons en deux groupes : Le duo de l'Alpsman rentre directement au logement avec une descente quasi continue. Les purs cyclistes, David et Kévin, rallongent un peu la sauce.

Je suis satisfait de cette sortie de 184kms et 3600m de dénivelé avec une moyenne de 23,6 km/h. Il manque un peu de dénivelé par rapport à l'Alpsman mais je suis nettement mieux que lors de mon séjour dans le Jura. Je fais une belle moyenne sans m'être mis à la planche dans tous les cols. Je décide même de faire un enchaînement de 10kms qui se passe vraiment très bien à plus de 12km/h. Tous les voyants sont au vert pour l'épreuve qui se profile dans un mois.

Ce séjour se termine. Nous retournons en Picardie avec nos convictions. Jean-Marc et Philippe sont prêts pour l'épreuve dans les Vosges. Ils n'y participeront pas car la météo annoncée était trop mauvaise. Kévin est prêt pour la MB Race. Il sera finisher en ressentant une fatigue importante après 100kms. David n'est pas rassuré. Un dernier séjour solo en montagne l'incite tout de même à s'inscrire au Tour du Mont-

Blanc. Il terminera malgré sa douleur à la cheville. Cloclo se sent mieux que l'année dernière. Il veut analyser ses statistiques sur Strava à son retour. Quant à moi, je me sens vraiment prêt pour cette épreuve. J'aimerais maîtriser comme sur le marathon de Paris. Cloclo et moi savons que devenir top finisher ne s'annonce pas une tâche facile.

En rentrant de notre séjour, je verrai dans les news que des records de froid ont été battus lors de ce week-end. Je comprends mieux le temps hivernal que nous avons eu. Nous n'avons pas eu des conditions idéales mais le séjour a été vraiment top. Nous nous donnons rendez-vous l'année prochaine.

Je suis vraiment prêt au niveau physique, mental et matériel à un mois de l'objectif. Mais est-ce qu'une petite aide supplémentaire ne serait pas la bienvenue ?

Le dopage

Eté 1998, je suis devant ma télévision comme tous les après-midis de Juillet pour suivre le Tour de France. Je regarde en direct l'annonce du chouchou des Français Richard Virenque. Son équipe doit quitter l'épreuve après que le médecin ait été arrêté quelques jours plus tôt avec des produits dopants. L'omerta autour du dopage vient d'éclater afin de faire tomber une équipe qui était devenue trop forte et en passe de gagner la plus grande épreuve du monde.

Je suis dans une période où le cyclisme est laissé de côté au niveau des compétitions. Je suis en pleine année du bac. Mes parents veulent éviter que je me casse quelque chose comme l'année précédente. Durant ma jeunesse, je n'ai jamais entendu parler de dopage autour de moi ou sur les courses.

Une fois le bac en poche, je me lance totalement dans le cyclisme. Je passe rapidement de la catégorie départementale à régionale. Les choses sont différentes : les équipes sont mieux organisées, les anciens professionnels sont présents pour épauler les futurs cracks… Et le dopage est malheureusement existant à ce niveau. Sur certaines courses cyclistes, je connais le vainqueur d'avance car il s'est préparé aussi bien au niveau de l'entraînement que par la prise de produits illicites. Je côtoie même quelques coureurs qui en viennent à prendre des doses durant les entraînements car le dopage est devenu une drogue. J'arrive à me placer avec quelques places dans le top 10 mais il me manque un petit quelque chose.

Lors d'une course, un ancien va voir mon père pour lui dire que je marche bien mais qu'il serait bien de prendre un petit complément. Il lui conseille que je prenne du Guronsan afin d'avoir ce petit coup de pouce. J'ai déjà anticipé son conseil et j'en prends déjà car d'autres cyclistes m'en ont parlé. Ce cachet bourré de caféine est disponible librement en pharmacie. J'en avale un ou deux avant la course mais cela ne me réussit pas. Il me fait transpirer démesurément avant le départ et je ne perçois aucune amélioration de mes performances. J'arrête donc très rapidement. Je sais que certains en prennent des boites complètes pour ressentir les effets mais je ne veux pas tomber dans cet extrême.

Ma première expérience avec le dopage très light n'a pas été concluante. Mais pourquoi ne pas retenter l'expérience 20 ans plus tard avec d'autres cachets. Pourquoi ne pas essayer d'avoir une ordonnance thérapeutique pour traiter des allergies ou de l'asthme ? Mais à 37 ans, je ne vois plus aucun intérêt d'augmenter artificiellement mes performances. Je préfère être de nouveau Lake finisher que de devenir Top finisher avec un artifice. Donc le Guronsan reste le seul dopant de ma carrière sportive. Je veux surtout que mes résultats ne soient dus qu'à mes entraînements et à mes capacités.

Finalement, je serai tout de même légèrement dopé à l'insu de mon plein gré pour cette épreuve...

La fin de prépa

Il ne reste plus que quatre semaines entre le séjour à la montagne et l'épreuve. L'épreuve à laquelle je viens de me préparer pendant six mois approche à grand pas. Il me reste deux semaines pour encore améliorer mes capacités physiques. Les deux autres semaines seront consacrées à la récupération pour surcompenser.

Les deux dernières semaines de travail se déroulent normalement. Je réalise une dernière grosse sortie quinze jours avant l'épreuve. Mon vélo me montre des signes de nervosité. Plus aucune vitesse ne passe pour revenir à la maison. Un incident de ce type lors de l'épreuve et tout s'écroule. Il est temps de faire son contrôle technique. Il part donc chez mon vélociste pour être sûr que tout soit ok. Il se pare d'une nouvelle chaîne, de nouveaux câbles et de nouvelles pédales offertes par mes parents. Mon dernier accessoire vintage vient de disparaître. Le vélo est prêt à s'attaquer à une épreuve mythique.

Il ne reste plus qu'à le chausser de pneumatiques neufs pour que tout se passe parfaitement le jour de l'épreuve. Je suis novice dans l'encollage. Je demande à David, l'expert des boyaux, un coup de main. Sur ses conseils, j'ai choisi un modèle qui n'est pas le plus performant mais qui est quasi increvable. Nous nous rendons compte que mon boyau avant ne tenait que sur un fil. La colle était quasi inexistante. Je n'ai pas vérifié à l'achat des roues comment les boyaux avaient été collés. J'ai fait toute ma préparation et les descentes de col ainsi. Tout s'est bien déroulé. David me dit que j'ai vraiment eu de la chance. Je crois que je suis né sous une bonne étoile. En tout cas, tout est fait dans les règles de l'art avec David. Plus rien ne peut m'arriver au niveau matériel.

Le duo picard de l'Alpsman est reconstitué une dernière fois pour une répétition générale de l'épreuve de natation. Nous nous donnons rendez-vous à la piscine de Péronne pour un 3800m uniquement en crawl. C'est l'occasion de remettre mes lunettes de vue que je n'ai pas sorties depuis l'année dernière. Première constatation, elles prennent un peu l'eau et surtout j'ai de la buée. Cette séance est donc très pénible mais pas question de s'arrêter.

Nous enchaînons les longueurs de 25m avec des relais réguliers sur le début. Je me mets ensuite en mode suiveur. Cloclo est un cran au-dessus de moi. Il a vraiment bien travaillé cette discipline pour sortir le plus frais de l'eau avant d'attaquer le vélo. J'ai bien du mal à rester dans sa vague. Je perds quelques mètres à certains moments. Il chope une crampe avant d'attaquer le dernier 50m. Je termine en solo ce dernier aller-retour.

Je viens de boucler cette distance en 1h18 soit six minutes de mieux qu'en Décembre. L'aide de Cloclo a été très précieuse sur cette séance. Il faudrait que je sois capable de le suivre également le jour J. Ceci me permettrait de réaliser un super début de course. Avec l'aide de la combinaison, nous devrions nager encore plus vite. Cette séance me met totalement en confiance. Je n'ai jamais prouvé cette théorie du gain avec une combinaison. J'espère que ce sera le cas dans quelques jours.

Pour cette édition, je ne suis pas malade la veille de l'édition mais dix jours avant l'épreuve. Je n'ai pas grand-chose, juste une quinte de toux. Mais celle-ci m'empêche de dormir convenablement pendant plusieurs nuits. Ce n'est pas le moment car la nuit est le moment de la journée qui permet le plus de récupérer. Il est important que je dorme bien à quinze jours de l'épreuve. Je ne suis pas très médecin et médicament. J'essaie tous les remèdes de grand-mère (thym, miel...) mais sans succès.

Plus les jours avancent et plus cette situation est embêtante. Tous les détails sont importants. J'ai fait tellement d'efforts dernièrement qu'il serait dommage de tout gâcher. En temps normal, j'aurai laissé faire le temps en continuant de dormir dans le canapé afin ne pas réveiller ma femme toutes les heures. Mais là, je dois agir vite. Je cherche en urgence un médecin à une semaine de l'épreuve. C'est le parcours du combattant. Nous sommes un Samedi et le Vendredi était un jour férié. Après de nombreux appels qui se terminent sur des répondeurs, je trouve un rendez-vous en fin de matinée. Je me rends directement chez mon pharmacien pour obtenir les médicaments : cortisone, antibiotique, sirop…

J'ai indiqué au médecin que j'avais une épreuve importante dans quelques jours. Elle me donne tout de même de la cortisone. Je lui indique que c'est un produit dopant. Elle me dit que c'est le seul moyen de guérir très vite. Je garde précieusement mon ordonnance. Il y a peu de chance que je subisse un contrôle antidopage. Je ne vais pas jouer la gagne. Ceci me dérange puis je me dis que beaucoup de professionnels ont des ordonnances thérapeutiques. La cortisone me donnera un petit coup de boost le jour J. Ce ne sera pas de trop. En tout cas, les médicaments ont l'effet escompté. Je suis apte à 200% quelques jours avant l'épreuve.

Les deux dernières semaines ne sont jamais faciles à négocier pour un sport addict. Le corps réclame sa dose de sport. L'envie est là de retourner faire une sortie de plus. Je me raisonne en me disant qu'il faut vraiment se reposer au maximum. J'augmente la dose de féculents pour stocker un maximum de réserves le jour J. La diminution du sport conjugué avec l'augmentation des féculents sont radicales sur la balance. Je reprends en deux semaines les deux kilos durement perdus. Mais je suis logiquement à mon poids de forme avec 64 kilos.

Comme avant chaque départ, je vérifie de nombreuses fois mes affaires pour être sûr de ne rien oublier. S'il me manque un petit truc, j'aurai encore le temps de le trouver sur place.

Mes chéries me souhaitent bonne chance. Mes filles m'offrent un gentil mot d'encouragement que je garde précieusement : « Bon aéronnemane ». Le geste est bien plus fort qu'un mot mal orthographié. Je suis très touché. La petite histoire de Julien au marathon de Paris a eu son effet. Ma plus grande a peur pour moi. Elle comprend de plus en plus que c'est une épreuve de folie. Je lui dis qu'il n'y a aucun risque. Je serai de retour après trois dodos. Ma femme me demande d'être prudent dans les descentes et de revenir entier. Le but est de toute façon d'aller au bout de l'épreuve donc je ne vais pas prendre trop de risques...

En plus du soutien de ma petite famille, je reçois de nombreux messages d'encouragement qui me font chaud au cœur. Tout le monde croit en moi. Ils sont persuadés que je vais être top finisher. C'est ce que je souhaite le plus même si je sais que ça reste difficile. En tout cas, mon moral est gonflé à bloc.

Clap de fin

Le Jeudi, nous prenons la direction d'Annecy avec mes parents et la marraine de ma sœur. Elle va comprendre exactement ce que représente un Ironman car elle va le suivre tout au long de la journée. Elle a toujours fait du sport pour le plaisir. Elle va pouvoir se rendre compte de la difficulté de cette épreuve. Le chalet choisi par mes parents est situé dans un village très calme. Le propriétaire nous indique qu'il y a un superbe point de vue pas très loin. Je propose une petite marche afin de se dégourdir les jambes. Nous sommes en montagne donc le dénivelé est présent mais la marche à travers les arbres est très agréable. La vue sur le lac est splendide.

Le Vendredi matin, je vais faire tourner les jambes avec mon père. Une petite sortie d'une heure le long du lac en mode promenade, c'est vraiment agréable de profiter. Pas de col au programme cette année, juste le tout début du col de Leschaux afin de rappeler à mes jambes que nous allons grimper demain. Nous nous rendons sur le lieu du départ, tout est déjà en place avec la cloche qui m'attend. Mais cette fois, je ne la touche pas. Je regarde le lac paisible. Je visualise le départ à plus de 3800m. Je suis entré dans mon épreuve à cet instant. Les souvenirs de l'année dernière remontent. Le challenge qui m'attend est difficile mais je suis pressé d'entrer dans la légende.

Le Vendredi après-midi, nous retournons sur le lieu de départ. Un petit détail m'intrigue au bas de la descente qui nous amène au lac. J'indique à mon père qu'il y a une balise Alpsman pour emprunter un passage abrupt. Nous pensons que ce doit sûrement être pour l'épreuve du lendemain. Je ne suis pas passé ici l'année dernière. Le petit chemin a l'air très sympa pour se promener mais est nettement moins roulant que la route.

Je cherche mon nom sur la liste pour récupérer mon numéro de dossier. Je découvre la mauvaise surprise d'avoir le numéro 470. Je ne comprends pas d'avoir un dossard si élevé car je me suis inscrit tôt. J'ai donné mon certificat médical au dernier moment ce qui doit expliquer ce numéro. Je suis déçu car je ne vais pas être avec les copains sur le bateau. Premièrement, je serai incapable de retrouver Cloclo pour essayer de le suivre. Puis cette traversée en bateau est unique et j'avais envie de partager ce moment avec mes amis. Je prends ça avec philosophie. Ceci me permettra de découvrir la seconde navette avec une ambiance encore plus intimiste. Il y a uniquement une centaine de concurrents.

Nous ne posons pas. Nous retournons directement au chalet pour préparer les affaires. L'année dernière, j'avais tout fait la veille au soir, en faisant des erreurs. Cette fois, je prends mon temps. Je trouve que le système est plus simple : deux bacs pour les transitions, des sacs de la même couleur où j'ai juste à coller une étiquette en fonction de l'emplacement du sac sur le parcours. C'est uniquement ma seconde participation mais je suis nettement plus serein pour l'avant-course. Je n'oublie surtout pas mon casque pour déposer mon vélo dans l'aire de transition.

Je retrouve Cloclo et Jérôme sur place. Nous prenons une photo ensemble en pointant le Semnoz qui nous attend demain. L'année dernière, Jérôme avait fait ce geste lors de la photo et avait été en haut. Cette année, nous mettons toutes les chances de notre côté avec ce symbole. Je ne crois pas à toutes les superstitions mais je joue le jeu.

Le briefing se déroule pour nous expliquer les principales consignes pour le jour de l'épreuve. Le speaker confirme la nouvelle que Cloclo m'a donnée la veille : la descente du Semnoz est gravillonnée, donc dangereuse. Un Norvégien prend la parole. Il demande que dix minutes soient ajoutées au délai. Les organisateurs se laissent la nuit en guise de réflexion. Ils nous informeront le lendemain de la décision. Cette nouvelle ne m'inquiète pas plus que ça alors que mon père est énervé. Il ne comprend pas qu'il n'y ait pas de discussion entre les différents organismes pour éviter ce genre de situation. La seconde nouvelle est que le parcours de course à pied est différent. La balise aperçue le matin n'est pas là par hasard. Donc la partie s'annonce un peu plus compliquée. Les 10 minutes supplémentaires sur le vélo pourraient être d'une aide précieuse.

La journée se termine par la pasta party et un retour au chalet. Nous collons mes stickers avec aisance cette année. Je regarde la coupe du monde féminine de football avant de me mettre au lit. Il est 22h30. Le réveil va sonner à 2h30. La nuit va être courte mais les précédentes nuits ont été très bonnes. Je dors d'une seule traite et surtout sans transpiration, pas comme l'année dernière. Je suis déjà dans un meilleur état que la première fois. La journée commence idéalement.

Le petit-déjeuner se déroule dans le calme en duo avec mon père. Il viendra récupérer les femmes à la maison pour me voir à la sortie de la natation. Je mets du produit antibuée de nombreuses fois sur mes lunettes pour être tranquille de ce côté. Nous nous rendons sur le lieu du départ afin de déposer les affaires dans un premier temps puis attendre le bateau. Cloclo et Jérôme me quittent rapidement pour prendre le premier bateau. Je les vois à travers la vitre alors que je reste à quai. Je suis nostalgique de la traversée de l'année dernière où nous étions sur le ponton du haut à l'extérieur. Quelques instants avant le départ du premier bateau, l'organisateur indique qu'il reste dix places. Je ne me pose pas de question. Je fonce rejoindre mes potes. Je laisse mon père en plan sans avoir eu un petit mot pour lui. La journée commence vraiment parfaitement. Ils sont surpris de me voir arriver. La température extérieure ne permet pas de profiter du ponton extérieur. Nous nous serrons pour me faire une petite place.

Le trajet dure environ trente minutes. Nous avons le temps de discuter avec les voisins. A ma droite, une femme avec le dossard 41 que je croiserai durant le parcours vélo. Elle aura une mésaventure durant cette épreuve. En face de nous à droite, un triathlète comme tous les autres. Nous lui demandons son temps pour le parcours vélo. Il nous annonce 6h30. Nous nous regardons. Nous lui disons qu'il va terminer dans les premiers avec ce chrono. En effet, c'est un champion qui vient ici pour viser le podium. Il finira finalement 2nd.

Cette ambiance de proximité est unique. Les champions côtoient les amateurs comme nous. Nous savons déjà que nous allons participer à une épreuve légendaire dès que nous prenons le bateau. Sur les grosses épreuves comme Gérardmer, le marathon de Paris, l'Etape du Tour, nous sommes collés les uns aux autres. L'excitation est le sentiment qui prédomine. La quiétude est le maître-mot de cette traversée : certains terminent leur nuit, d'autres sont terrifiés par la difficulté de l'épreuve. Alors que les derniers comme moi profitons pleinement de ce moment hors du temps.

La seconde bonne nouvelle de la journée est que nous avons dix minutes supplémentaires à cause de la descente gravillonnée. Les organisateurs nous demandent d'être très prudents en réduisant notre vitesse. Je ne pense vraiment pas perdre autant de temps dans cette partie du parcours. Les voitures sont passées. Je suis sûr qu'une partie de la chaussée permettra de prendre de bonnes trajectoires. De mon point de vue, ces quelques minutes supplémentaires m'aideront pour passer le tournant.

Le bateau arrive sur le point de départ. Les premières notes de la musique, que certains décrivent comme mortuaires, démarrent. Il est temps de se jeter à l'eau. Nous avons l'expérience de l'année dernière. Nous prenons donc notre temps pour ne pas patienter trop longtemps dans l'eau. Le plongeon est vivifiant. Les quelques triathlètes encore endormis ne le sont plus. La température de l'eau n'a rien avoir avec celle de l'année dernière. La température extérieure n'est pas mieux avec 5°C au sommet du Semnoz. La matinée s'annonce glaciale. Nous nous réchauffons en rejoignant le point de départ. Aucune buée ne vient réduire mon champ de vision. Je reste à côté de Cloclo en attendant le départ entre les bouées. Il y a du retard. Nous patientons une vingtaine de minutes dans une eau à environ 15°C. Nous n'avons pas commencé que nous puisons déjà dans nos réserves pour maintenir notre température corporelle. Cloclo me demande où est la première bouée. Je lui indique la direction. Je la visualise facilement à quelques centaines de mètres. Il faudra qu'il pense à investir dans des lunettes de vue avec son grand âge.

Le bateau des juges passe devant nous. Le départ est donné. Le plan est simple. Je dois suivre le métronome Cloclo qui m'amènera à la première transition sans aucune difficulté. Il a mis un patch dans le coup donc je l'identifie facilement. Sur les premiers mètres, je suis à ses côtés. Des nageurs commencent à s'intercaler entre nous. Puis ils me doublent avec plus ou moins de douceur. Le plus brutal en vient à m'arracher mes lunettes ce qui me déboussole quelques instants. L'épreuve vient à peine de commencer. Le début de journée idyllique vire rapidement au cauchemar. Sans mes lunettes, je vais perdre énormément de temps. Par chance, je les rattrape de justesse. Cloclo m'avait dit l'année dernière qu'il était possible de s'accrocher aux canoés en cas de problème. Il y en a un juste à côté de moi. Je n'hésite pas une seconde.

A la première analyse rapide, mes lunettes sont cassées. Je suis dépité. J'envisage de faire mon MacGyver pour effectuer une réparation de fortune. Heureusement, je vois que le cordon est tenu par un clip. J'ai juste à le remettre pour repartir de plus belle. Le côté positif des choses est que je suis tranquille maintenant pour poser ma nage. Par contre, Cloclo est déjà bien loin au milieu du peloton.

Les canoés longent la limite que nous devons respecter pour le trajet. Je reste donc à côté d'eux. Je regarde tout de même au loin si je suis dans la bonne direction pour les prochaines bouées. Je suis assez surpris de n'avoir aucun nageur à mes côtés. Au bout de quelques minutes, un groupe revient à ma hauteur. Je suis rassuré de ne plus être seul. Ils n'ont pas pris une trajectoire idéale et reviennent sur le bon chemin. Je suis maintenant sur le chemin du retour qui consiste à longer la rive pendant 3kms environ. Il n'y a pas énormément de profondeur. Il est possible d'apercevoir le fond. Les 500 triathlètes présents au départ sont maintenant esseulés. Chacun a pris son rythme.

La tactique reste la même en suivant le plus possible les canoés. Mais je les trouve nettement moins présents que l'année dernière. Ils font des demi-tours régulièrement. Je me retrouve donc en solitaire. Je ne suis pas inquiet pour ma sécurité. Je suis très bien physiquement. Mais je ne vois pas les bouées au loin. L'année dernière, je distinguais chaque numéro inscrit sur les bouées jaunes. Je n'en vois aucune. Je cale ma trajectoire sur les nageurs qui me précédent. Le retour de 3 kms me permet interminable. Je n'ai même pas vu les grosses bouées de la mi-parcours donc je ne sais pas où j'en suis. J'aperçois enfin les grosses bouées blanches Alpsman. La fin de cette première épreuve est proche.

Pas de juge arbitre pour nous indiquer qu'il faut bien faire le tour des bouées pour se rendre vers l'arche sur la plage. Je suis au fait de la direction finale à prendre. Je suis sur le point d'achever l'épreuve qui me fait le plus peur. C'est la discipline qui demande le moins de temps et pourtant celle que je crains le plus. J'arrive enfin avec mon fan club aux premières loges. Je regarde mon chrono de 1h24. De nouveau pas de miracle avec la combinaison. Je suis tout de même dans le bon timing avec un chrono visé entre 1h15 et 1h30. L'incident du début m'a fait perdre un peu de temps mais ne va pas m'empêcher d'être top finisher. La sortie de l'eau est difficile avec les cailloux et le froid qui a tétanisé les jambes sollicitées au minimum. Elles vont être soumises à rude épreuve ensuite. Cloclo termine en 1h10. Jérôme est déjà très loin devant.

La transition de sept minutes est bien trop longue à mon goût. Je suis gelé. Je n'arrive pas à enfiler mes chaussettes. Je suis enfin prêt à me lancer dans l'épreuve qui va être le juge de paix pour être top finisher.

Deux kilomètres de mise en jambe sur du plat et ensuite 27 kilomètres de montée jusqu'au Semnoz en guise d'échauffement. Il est encore très tôt. L'air n'a pas encore été réchauffé par le soleil qui doit nous accompagner toute la journée. Je me mets directement en route. Je dois remonter de nombreux concurrents pour espérer aller en haut. Si ceci n'est pas le cas, cela signifie que je réalise un mauvais chrono. Je suis sorti en 421ème position de l'eau. Je sais qu'environ 150 triathlètes vont réussir à être top finishers. Je dois donc laisser beaucoup de monde derrière moi. Un concurrent me double avec un très gros rythme. C'est le seul et je reprends un à un les concurrents qui ont nagé mieux que moi. La montée se passe bien même si les cuisses sont à la limite des crampes avec la natation. Nous laissons des plumes dans cette épreuve. L'enchaînement est difficile. Je suis le plan au niveau de l'hydratation avec une gorgée toutes les 5 minutes et quelque chose à grignoter toutes les 30 minutes. Je ne veux pas revivre l'expérience de l'année dernière. J'ai programmé une alerte sur ma montre pour être sûr de ne pas oublier même en plein effort.

Je double peu avant le sommet ma voisine de bateau. Je lui souhaite bon courage et j'arrive au point culminant de l'épreuve vélo. Je suis un peu en avance par rapport à l'année dernière. Jérôme est vraiment parti pour réaliser une énorme performance. Il passe en 28ème position à ce sommet.

Comme prévu, je m'arrête à ce ravito pour faire le plein de carburant avant d'attaquer la fameuse descente gravillonnée. J'ai prévu le bon vieux journal à l'ancienne pour contrer le froid. Mais je ne prends pas le temps de le mettre. Je remonte juste mes manchettes. Prêt à attaquer la descente dangereuse du jour.

Il y a peut-être des gravillons mais pas de brouillard. Je ne loupe pas les premiers virages. Puis la route devient nettement moins propice à la vitesse avec les cailloux. Il en reste une quantité importante. Je réduis légèrement ma vitesse mais nettement moins que tous les autres concurrents. Les gravillons ont été balayés naturellement par le passage des voitures. Je prends les trajectoires où il n'y a quasiment plus rien. Je reprends de nombreux participants qui sont littéralement arrêtés. Je double le Norvégien qui avait pris la parole la veille. Il est reconnaissable car il est vêtu d'un maillot à l'effigie de son pays. Je comprends pourquoi il a demandé 10 minutes supplémentaires. Je lui fais l'intérieur dans un virage et le laisse terminer sa pénible descente. Je perds un peu de temps dans cette descente mais en tout cas pas dix minutes. C'est donc tout bénéfice pour sonner la cloche.

Un copain Lionel, qui me suit sur l'application en live, me dira qu'il a frissonné à voir mon point blanc revenir comme une fusée sur les autres. Un concurrent me dit qu'il est gelé en bas de la descente. Je lui dis d'appuyer plus fort pour se réchauffer. La température hivernale ne me gêne pas. Et nous allons vite avoir chaud sur les prochaines difficultés.

Nous avons le droit à un petit moment de répit entre les deux cols. Je prends le temps de me ravitailler tout en appuyant sur les pédales. Je fais l'impasse sur le principal ravitaillement où de nombreux concurrents sont arrêtés. J'avais perdu trop de temps l'année dernière ici. Je préfère m'arrêter aux points de ravitaillement secondaires moins fréquentés. Je remonte de nouveau dans le classement en doublant tous les concurrents à l'arrêt. Mes parents ont pris au passage David. Il vient nous donner des forces supplémentaires par ses encouragements. Ils m'annoncent que Cloclo est 6 minutes devant moi. Je suis mieux que l'année dernière. Je dois revenir sur lui pour espérer être top finisher.

J'attaque le second col avec toujours des cuisses à la limite des crampes en début de col. Heureusement, elles se détendent au fur et à mesure de la progression. Je connais parfaitement ce col maintenant. Je sais qu'il convient tout à fait à mes qualités. A cet endroit, il y a la fromagerie, ce petit village avec une pente un peu plus sévère, une descente pour récupérer, puis quelques lacets avant de terminer par un long faux plat. J'ai les mêmes sensations que lors du stage début Mai. Je continue ma remontée.

J'aperçois une allure familière un peu plus loin que je rattrape dans le petit village au cœur de ce col. C'est mon fidèle Cloclo qui grimpe à son rythme. Nous faisons quelques mètres ensemble. Nous échangeons rapidement nos impressions et nous nous souhaitons bonne chance. J'ai un rythme un peu plus soutenu. Je continue donc sur ma lancée. J'espère que nous nous retrouverons pour sonner la cloche ensemble. Quelques kilomètres plus loin, je regarde en contre-bas. Je ne le vois plus. J'ai vraiment un super rythme. David me dit de ne pas m'enflammer. Je lui dis que je suis tranquille et que le plus difficile va venir. Ce col passe vraiment très facilement. J'attaque la seconde descente qui m'amène rapidement sur le col que je redoute le plus. Il avait anéanti tous mes espoirs l'année dernière. J'ai une appréhension au moment d'attaquer les premières rampes.

Je suis obligé de m'arrêter pour un premier arrêt technique. Je bois une gorgée régulièrement mais la température extérieure ne me permet pas d'éliminer la totalité par la transpiration. Je n'étais pas très bien sur les premiers mètres. Cet arrêt vient me couper totalement dans mon élan. Je suis littéralement collé au bitume. Je n'arrive pas à remettre du rythme. Le calvaire de l'année dernière se répète. Je ne comprends pas. J'étais vraiment sur un nuage il y a quelques kilomètres. De nombreux concurrents me doublent sans pouvoir les suivre. Mes parents, Mauricette et David sont là pour m'encourager dans les passages les plus pentus. J'évite de croiser leur regard. Je sais que je n'avance pas. Mauricette croit encore en mes chances. David et mon père savent que c'est compromis avec ce passage à vide. Il est difficile de se refaire une santé. Je me suis entraîné plus fort, de plus longs mois avec des réveils très matinaux et tout ceci pour rien. Pourquoi suis-je revenu alors que je savais qu'il serait compliqué de sonner la cloche ?

J'ai le moral au plus bas. Et la situation ne va pas aller en s'améliorant dans la seconde boucle. J'arrive enfin au sommet. J'attaque la descente pour récupérer et essayer de me reprendre. Je suis venu ici pour aller au bout de moi-même. Ce passage difficile ne va pas m'empêcher d'être top finisher.

Je repense à un message d'encouragement de Stéphane De Paula, champion de France de Duathlon. Nous nous connaissons uniquement qu'à travers le réseau social Strava mais nous échangeons sur nos différents entraînements. Il m'a dit de penser à mes filles lors des moments difficiles. Et son petit commentaire fait tilt à cet instant de la course. Je me dis que je n'ai pas fait tout ça pour rien. Je dois tout donner pour ne rien regretter. Je reprends donc ma marche en avant.

Je reviens dans la boucle avec le col de Plainpalais et le col des Prés. La première montée, effectuée il y a quelques heures, est un peu moins rapide qu'au premier passage, mais n'a rien à voir avec ma défaillance de l'année dernière. Il n'y a pas de concurrents qui me laissent sur place. Je continue à remonter tout doucement. Ma voiture d'encouragement passe à mes côtés. Je demande si Cloclo va bien. Ils me disent qu'il est à 6 minutes mais ils me mentent car il a décidé d'arrêter pour ne pas revivre le calvaire de l'année dernière. Il n'est pas dans les temps pour sonner la cloche. Il prend la sage décision d'abandonner pour la première fois de sa vie. Ils savent que je ne suis pas au mieux et ne veulent pas me démoraliser avec cette nouvelle. David me propose un encas salé mais je refuse car toute aide extérieure est interdite.

Le col facile est terminé. Je me dirige rapidement vers le moment de vérité. Soit j'effectue une bonne montée et je peux me battre pour être top finisher, soit je subis de nouveau et tout espoir est envolé. Tous les concurrents redoutent ce second passage. Certains sont arrêtés sur le bas-côté perclus de crampes. J'ai décidé de tout donner dès le début du col et ça fonctionne. Je lâche très rapidement mes camarades qui étaient avec moi. Maintenant l'objectif est de revenir sur les concurrents devant moi. Je me fixe de mini-objectifs pour passer au mieux cette difficulté. Les jambes répondent. Je me sens mieux que lors du premier passage. David me dit que j'ai un bon coup de pédale ce qui confirme mes impressions. Le moral repart à la hausse. La moyenne n'est pas folle mais je sais que celle-ci va augmenter sur les derniers kilomètres. Il faut que je ne craque pas comme l'an dernier sur les dernières rampes qui nous ramènent à Annecy.

Le retour se fait malheureusement avec un léger vent de face. Kévin n'est pas là pour me protéger comme lors de notre dernier entraînement. Mais je sais que je peux être dans les temps. Je donne tout ce qu'il me reste. Des concurrents me disent que toutes les difficultés sont derrière nous. Je leur indique que ce n'est pas tout à fait fini. Il reste quelques montées qui font très mal surtout après plus de 150 kms.

Afin d'optimiser mon timing, j'improvise une pause pipi tout en roulant. J'ai déjà testé à l'entraînement sur du plat à faible vitesse. C'est un peu plus compliqué dans une petite descente. Un concurrent ouvre la route pour m'aider à visualiser les virages. Je descends avec une main sur la poignée gauche pour freiner. Je joue un peu les funambules. J'arrive enfin à me détendre pour me soulager. C'est un véritable carnage mais le vent va vite sécher mes vêtements.

Je passe nettement mieux toutes les petites montées qui font le final. C'est un net avantage de connaître le parcours. La fin est vraiment proche. Une dernière rampe où je m'étais fait déposer par des anciens l'année dernière. Puis la descente finale vers Annecy. Le but est de récupérer au maximum avant d'attaquer la course à pied. Je suis loin des 23 de moyenne. Mais je suis encore dans les temps pour être top finisher. J'aperçois un concurrent sur le bas-côté, il est allongé. Les secours arrivent sur place. Je suis attristé pour ce concurrent qui ne verra pas la ligne d'arrivée alors que le plus difficile à vélo est derrière nous.

Je décide de faire une dernière pause technique. Cette fois je m'arrête car la descente est trop rapide et est jonchée de maisons. Je croise le premier de l'année dernière qui se dirige déjà vers le Semnoz. C'est un ancien professionnel de cyclisme. La différence de niveau est impressionnante. Il a déjà effectué les 24kms du marathon que je n'ai pas encore posé le vélo. Je termine le vélo en 8h36. Je m'étais fixé l'objectif de terminer entre 8h et 8h30. Le troisième col m'a fait perdre du temps. Mais je suis capable de terminer fort cette épreuve. Je fais une transition correcte pour repartir le plus rapidement possible. Chaque minute est importante maintenant.

Il me reste tout juste deux heures avec les dix minutes bonus pour faire 24kms. C'est vraiment jouable. J'ai dit à tout le monde que j'étais capable de faire cette distance à 12km/h. Je suis dans la forme de ma vie dans cette discipline. Le marathon de Paris m'a mis grandement en confiance.

Je me mets en route à la vitesse de 12km/h. Les jambes répondent bien et même le nouveau parcours plus difficile ne me dérange pas. Je finis le premier tour en juste 1h. Je suis à la limite mais c'est encore possible. Je dois maintenir ce rythme ce qui devient de plus en plus difficile mais je tiens.

Cloclo m'accompagne quelques instants. J'entends le speaker annoncé qu'il ne reste plus que cinq minutes pour tout juste 1km. Je me mets au sprint car je dois récupérer ma lampe frontale au passage. Je sonne la cloche quelques secondes avant la fin. Je suis le dernier à y parvenir mais je l'ai fait. Je vais devenir top finisher même si je dois ramper pour grimper le Semnoz… Je rêve de ce scénario encore certaines nuits mais l'histoire ne se termine pas ainsi.

Dès le début du running, je sens que je n'ai pas les jambes que j'avais eu lors de l'enchaînement en montagne. Je suis capable de courir mais je ne suis pas aussi frais physiquement. Je me lance immédiatement à la vitesse de 12km/h, je ne suis pas venu pour rester en bas et être de nouveau Lake finisher. Nous longeons le lac d'Annecy sur la première partie du parcours. Je tiens le rythme car il n'y a aucune difficulté.

Je m'arrête rapidement au ravitaillement. Je découvre la surprise du nouveau parcours avec une montée bitumée puis le petit chemin aperçu avec mon père. Il m'est impossible de tenir le bon rythme dans cette partie qui est pentue et un peu technique avec des racines, des cailloux, des chemins très étroits… Ce chemin est vraiment magnifique pour se promener mais il n'est pas propice à la performance. De nombreuses fois, je peste car je me prends les pieds dans les racines. Je suis à la limite de me retrouver au sol. Je suis fatigué. Ma lucidité n'est plus la même. J'ai du mal à lever les jambes pour éviter les obstacles.

La vitesse diminue inéluctablement pendant ce passage. Je sais que je vais devoir accélérer le rythme sur les parties asphaltées. J'étais déjà à fond à 12km/h. Je n'ai plus la force pour accélérer encore le rythme pendant 18kms. J'avais réussi à passer ce moment difficile sur le vélo. Je n'y arrive pas ici. Mon rêve de devenir top finisher s'envole en ayant parcouru uniquement 5 kms. Je suis venu uniquement avec cet objectif. Tout s'écroule dans cette nouvelle difficulté. Je viens de consacrer six mois de ma vie pour ne pas réaliser mon rêve.

Cloclo a abandonné pour ne pas revivre la même galère. Je suis reparti pour vivre ceci une nouvelle fois. Il n'est pas question d'abandonner. Je vais aller jusqu'au bout mais le moral n'est plus là. Je me contente juste de mettre un pied devant l'autre. Les nombreux concurrents, qui me doublent, ne me dérangent pas. Je ne cherche plus à mettre du rythme. Je prends une petite vitesse de croisière. Je cours sur les parties faciles. J'alterne avec la marche dans la partie trail. Je prends des pauses importantes aux ravitaillements avec du non conventionnel : Orangina, coca, tuc, pastèque... Qu'est-ce que c'est bon après avoir ingurgité des gels et des barres pendant 10h.

Sur le parcours, il est possible de croiser les concurrents sur les longues lignes droites. Avant d'arriver à un ravitaillement, je vois Jérôme. Je lui demande ce qu'il fait là. Il a vraiment un rythme très lent et n'est pas au mieux. Malgré son départ canon, il a connu une fin de vélo très compliquée. Il n'a pas réussi à s'alimenter et à s'hydrater correctement sur le vélo. Il n'a donc pas réussi à réitérer la performance de l'année dernière. Pour couronner le tout, il a des problèmes gastriques. Il termine comme il peut.

Jérôme, le beau gosse au grand cœur, est revenu cette année pour l'association. Il aurait pu venir uniquement pour nous encourager en ayant déjà été top finisher. Mais il veut soutenir cette cause. Il aurait pu abandonner. Mais non, il termine cette épreuve pour elle. Il va au bout de lui-même pour être un simple Lake finisher. Je trouve ceci aussi magnifique que son exploit de l'année dernière. Cloclo et moi étions sûrs que Jérôme irait en haut même avec un entraînement light. C'est la magie du sport, rien n'est écrit d'avance.

Je passe devant la cloche à la fin du premier tour. Je ne la sonnerai pas de nouveau. Lionel qui me suit en live pense que j'ai réussi. Il est heureux pour moi mais il me voit continuer mon chemin sur l'application. Il comprend qu'il me reste encore un tour. Il est déçu et m'enverra ce message après la course :

> Je t'ai suivi avec l'appli Racemap en temps réel. Super stressant de voir ta remontée dans la descente du premier col. Ton point doublait les autres comme une fusée. Et encore plus à 17h17 te voir passer le tournant du 25ème et pas tourner. J'y ai cru mais merde pas bien lu qu'il y avait 2 boucles avant le tournant. Tu as tout donné et fini. Ce n'est pas le cas de tous. La liste des « Do not Finished » est impressionnante. Bravo Champion. Respect.

De nombreuses personnes m'ont suivi en live via l'application. Ils ont vibré avec moi : Sylvie, ma responsable client, qui n'a plus de temps à consacrer au sport mais aime suivre ce type d'épreuve ; Jean-Dominique, le maire du village de mes parents, qui ment à sa femme en disant qu'il n'a pas fini de travailler sur l'ordinateur ; Laurent un copain de vélo ; Christophe mon partenaire... Je trouve cela extraordinaire les émotions qui arrivent à passer au travers d'une application.

J'effectue mon second tour sur un rythme de marathonien très fatigué. J'entends parfaitement le speaker quand je suis à l'autre bout du parcours. Le décompte de la fermeture du tournant est très difficile à entendre. J'en suis tellement loin qu'il n'y a aucun regret. Il me reste encore 8 kms avant d'atteindre la cloche. 147 triathlètes réussissent l'exploit de devenir top finisher.

A la fin du second tour, j'aperçois le finlandais croisé à la fin de mon parcours vélo. Je m'arrête pour le féliciter. Je ne suis plus à quelques minutes pour le chrono final. Nous commençons à discuter en anglais. Il ne gagne pas mais termine à une belle troisième place. Il me raconte sa course avec ses différents classements après chaque épreuve. J'ai eu l'occasion de discuter avec le second et le troisième de cette édition. Les professionnels sont accessibles sur cette épreuve. Le nombre de concurrents n'est pas trop important et permet ce type de rencontre. Après cette petite séance de papotage, je reprends la course. Il me reste encore 18kms à réaliser. Le Smecta montre des signes de fatigue. Mon ventre commence à être douloureux.

Il me reste une petite boucle de 6kms et une dernière grande boucle pour être de nouveau finisher. La petite boucle est vraiment très facile. Je reviens rapidement sur la ligne d'arrivée pour attaquer les derniers 12kms. J'ai le sourire à l'attaque du dernier tour. Le speaker le remarque et l'annonce. Même si j'ai connu des moments difficiles, je souhaite garder le sourire car j'ai la chance de pouvoir participer. En effet, cette édition est un peu particulière. La femme, qui a gagné l'édition précédente, est décédée cet hiver en pratiquant sa passion. C'était une sportive hors-norme mais également la maman de deux enfants. Elle avait toujours le sourire. C'est pourquoi les organisateurs nous ont demandé de garder le « smile » en hommage à cette championne. Donc ce clin d'œil du speaker me donne du baume au cœur.

Je termine le dernier tour toujours sur le même rythme sauf la partie trail où je marche vraiment beaucoup même sur le plat. Je me fixe tout de même un dernier objectif pour me motiver un peu sur cette fin de course. Le but est de terminer avant 21h45. Un concurrent me double en me disant qu'il est content. Il a couru tout le dernier tour. Je ne peux pas en dire autant. J'ai plus marché sur ce tour que sur les précédents. Je garde un petit rythme. Mais j'ai un sursaut à deux kilomètres du final. Je me mets à prendre un rythme autour de 13km/h et à accélérer de plus en plus. L'arrivée me donne des ailes. Je rattrape ce concurrent qui me demande ce qui m'arrive. Cloclo et Mary m'accompagnent un court instant. Je termine en boulet de canon.

L'arche d'arrivée n'est plus qu'à quelques mètres avec son tapis rouge. Je me trompe légèrement de trajectoire mais je continue à sprinter pour je ne sais quelle raison. Je suis sur le point de terminer en apothéose cette épreuve. Mais je m'écroule quelques mètres avant la ligne trébuchant dans le tapis. L'Alpsman vient de me mettre à terre, je m'incline devant ce champion qu'est cette épreuve. Je me relève toujours avec le sourire. Je termine en 16h07. Jérôme termine trente minutes avant moi.

Cette épreuve n'en est qu'à sa quatrième édition mais elle va devenir un mythe. Il faut vraiment tout donner pour aller en haut. Certains concurrents sonnent la cloche et abandonnent ensuite. En effet, l'épreuve n'est pas terminée après le tournant. Il faut encore courir 18kms avec 1200m de dénivelé. Il faut affronter de vrais murs à plus de 20%. Certains concurrents n'ont simplement plus la force de continuer et se résignent à arrêter. Je ne reviendrai plus sur cette épreuve mais je suis fier d'avoir participé à ces deux éditions.

La déception de ne pas avoir été en haut est présente car c'était mon objectif. Je suis heureux de m'être ressaisi sur le vélo et d'avoir rêvé un peu plus longtemps. Mais je regrette d'avoir baissé les bras un peu trop vite sur le marathon. Je ne le vis pas comme un échec. Je viens de vivre une aventure formidable de plus de six mois. J'ai fait de nombreux sacrifices mais je n'oublierai jamais cette aventure : mes superbes sorties avec mes deux compères de vélo, mon marathon magique, mon stage fantastique dans les Alpes et cette épreuve mythique.

En allant récupérer mes affaires, je croise la femme avec le dossard 41. Elle a réussi à sonner la cloche mais au bout du premier tour de course. Dans l'euphorie de l'épreuve, elle a suivi les concurrents précédents qui avaient déjà fait deux tours. Elle a continué jusqu'à ce qu'on lui dise au ravitaillement du 30^(ème) kilomètre qu'elle avait fait une erreur et devait redescendre. Elle décidera d'abandonner finalement car elle devait effectuer de nouveau 30 kms.

Ma longue journée touche à sa fin. Je demande à mes parents de faire un détour par le MacDo. Ce fast-food n'a rien d'exceptionnel gustativement mais quel bonheur de manger des choses interdites depuis six mois. Je passe une bonne nuit avant de ranger mes affaires pour mon retour le lendemain.

Dans le TGV qui me ramène vers ma petite famille, j'écris mon petit récit à chaud. Les messages en retour me touchent énormément :

« Quel courage ! quelle lucidité ! Un grand respect après tous les sacrifices et tous les efforts que tu as dû fournir pour en arriver là, tu es un grand champion ! On se sent tout petit à côté d'une telle épreuve. » Rémi S.

« Félicitations pour ton courage, ta volonté et ta ténacité. Merci pour ce compte rendu très poignant car jusqu'au bout tu gardes le suspense ; va-t-il jusqu'au sommet du Semnoz. L'important c'est de toujours garder l'espoir. » Eric D.

« Je suis très admiratif à la lecture de ton petit récit (petit récit pour un grand exploit) passionnant de bout en bout. On y trouve plein d'enseignements sur ce qui fait un athlète, dépassement de soi, abnégation, entraînement, limites…et importance primordiale de l'entourage. » Christophe T.

« *Comme chaque fois, tes mots sont suffisamment précis pour nous rendre compte clairement de ton aventure. On voit bien à quel point ce type d'épreuves n'est pas à la portée de tous quand on voit tout le travail de préparation que cela coûte, sans garantie du résultat. Je suis très admirative. BRAVO ! J'espère que tu n'es ni trop déçu, ni trop éprouvé physiquement.* » Agnès R.

« *Petit message pour te tirer un grand coup de chapeau et te dire que je suis admiratif de ta préparation, ton énergie, tu fais partie de la marque des grands, force volonté et ne rien lâcher, respect champion* » Arnaud K.

« *Bravo pour avoir retenter cette aventure. Tu as fait preuve une nouvelle fois de courage, de volonté et d'un peu de folie… toute contrôlée.* » Laurent L.

Et le message d'Isabelle L. qui a déclenché l'écriture ce livre :

« *D'abord bravo, chapeau bas, félicitations 👍 ! Pour moi, rien que réussir à tenir le programme de l'entraînement : c'est très très fort, Se mettre au départ aux côtés des premiers finishers à 4h00 du matin dans une eau gelée : c'est génial, Aller au bout de soi pendant plus de 16h00 d'effort intense : même pas en rêve, Alors arriver au bout d'un tel défi c'est incroyable! Heureusement que tu as trouvé ça dur : ça te rend* humain 😀... *Maintenant tu vas pouvoir songer à écrire un livre : il y a beaucoup d'émotion dans ton récit.* »

Ma femme et mes filles sont là pour m'accueillir, je suis un homme heureux. Je ne suis pas devenu un top finisher mais elles sont fières de moi. Elles m'ont supporté pendant toute ma préparation. Je vais maintenant diminuer la dose de sport. Je vais redevenir le père et le mari qu'elles méritent.

Ma femme souhaite marquer l'événement. Elle a organisé un apéritif « surprise ». Je ne suis pas le héros mais nous fêtons mon second Ironman. Mon copain de la SaintéLyon Christophe et son épouse Nathalie viennent à la maison pour trinquer. Je bois ma première goutte d'alcool depuis plus de six mois. Je raconte ma journée à Christophe. Il rêve de se lancer également dans une aventure de ce type... en ma compagnie.

Le récit déclencheur

Email écrit lors de mon retour en TGV le lendemain :

Bonjour à tous,

Un petit retour sur mon 2ème et dernier Alpsman.

Après une 1ere expérience l'année dernière sur cette épreuve qui se terminait en "lake finisher", on retente l'aventure 1 an plus tard pour être top finisher. Pour être top finisher il faut faire 3,8kms de nage, 184 kms de vélo avec 4400m de dénivelé et 24,6 kms en moins de 12h. Après tu as le droit de faire le col du Semnoz sinon tu termines en bas.

Qu'est-ce qu'il m'a manqué l'année dernière ? Comment faire pour aller en haut ? Encore plus d'entraînement vélo donc début en janvier avec 200h de selle, 40h de CAP et 15h de natation. Avec un séjour en montagne début mai.

L'appréhension est moins forte pour une 2ème fois.

Réveil à 2h30 pour embarquer sur le bateau à 4h30. On discute entre triathlète dont le mec qui va faire 2nd. La musique monte, le soleil se lève et plongeon dans une eau à 17. On est vite pris par le froid surtout qu'on reste 20 minutes sur place. Départ enfin donné ça bastonne comme on dit dans le triathlon et un mec m'arrache mes lunettes. On s'accroche à un canoë et on repart. Ça commence bien. La natation se passe bien en 1h25.

La transition est compliquée avec le froid mais on se dépêche pour enfourcher le vélo. Tout se passe bien jusqu'au 3ème col qui est difficile. Mais je me refais un moral en pensant à mes filles, ma femme, les messages de soutien et les entraînements du début d'année. Je termine le vélo en 8h36 donc en gros 1h50 pour 24 kms.

On se motive en partant à 5 au km mais je sais que c pas suffisant donc le rythme diminue rapidement après 5kms et le parcours trail inédit car c'est la nouveauté de cette année avec une vraie côte et un vrai chemin de trail sur 2kms. Ça m'achève totalement. Donc un pied devant l'autre pour terminer. Je croise le 1er de l'année dernière qui a terminé et je discute 2 min en anglais car il est finlandais, moi il me reste encore 1 tour de 12kms. Il finit 3 cette année. C'est sympa comme ambiance. Je termine en 5h50 le marathon et en 16h07 l'épreuve.

Comme un symbole je tombe littéralement 25m avant la ligne. Alpsman m'a mis les 2 genoux à terre. Cette épreuve va devenir un mythe. Ceux qui vont en haut sont hors norme. Cette épreuve est venue à bout de moi mais je suis heureux d'avoir tenté une 2nde fois pour n'avoir aucun regret. Ça n'est pas un échec mais une expérience inoubliable.

Maintenant un peu de repos et retour sous les couleurs du PAC. Merci à vous tous et à ma petite famille qui m'a soutenu pendant toute cette prépa.

Chapitre 6

Et maintenant

« Ce n'est pas la fin. Ce n'est même pas le commencement de la fin. Mais, c'est peut-être la fin du commencement »

Winston Churchill

Ultra pour tous

Ce type d'épreuve est à la portée de tous. Il faut y consacrer de l'entraînement mais sûrement pas autant que ce que j'ai pu faire pendant six mois. La preuve est que j'ai réussi à terminer ma première édition de l'Alpsman avec une préparation plus minimaliste.

Lors de la SaintéLyon, nous avons discuté dans le TGV avec un arrageois. Il participe à cette épreuve avec au maximum des sorties de 12kms. Il ne peut pas consacrer plus de temps à cette discipline. Il finit devant nous en 12h. Il est donc vraiment possible de participer à des épreuves d'ultra sans passer 10h d'entraînement par semaine.

Un autre exemple d'un collègue de travail qui a participé à un half sans avoir effectué une seule sortie de vélo en préparation. Il s'est entraîné uniquement en natation et en course à pied.

Ces deux exemples sont burlesques dans mon esprit de sport addict. Je ne peux pas concevoir de participer à une épreuve sans un minimum de préparation spécifique. Mais ils sont là pour prouver que ces épreuves sont accessibles à tous.

C'est la recherche de la performance et le fait de vouloir atteindre la cloche absolument qui m'ont poussé à intensifier mes entraînements et à devenir déraisonnable. N'étant pas un champion hors-norme, je suis obligé de travailler encore et encore pour essayer d'être performant. Mon souvenir de jeunesse me rappelle que plus je m'entraînais et plus j'étais fort sur le vélo. Donc je continue à appliquer ce principe encore aujourd'hui. Peut-être à tort.

Je me plais à m'imaginer être dans la peau de mon beau-frère pour voler dans les cols. Son coup de pédale aérien avec un entraînement moindre que le mien me fait rêver. Avec ses capacités cyclistes, je serais très certainement top finisher sur l'Alpsman. Mais paradoxalement, je préfère être ce mec ordinaire doté de bonnes capacités mais qui doit s'entraîner durement pour performer. Si j'avais réussi cet exploit, le mérite n'en aurait été qu'encore plus grand.

Il n'est pas possible de se présenter sur la ligne de départ d'une épreuve ultra sans aucun entraînement. Mais avec un minimum de deux à trois séances par semaine, tout le monde peut réaliser ce type de défi. Donc n'hésitez pas à vous lancer dans ce genre d'épreuve. Vous pourrez vivre des aventures incroyables et dépasser vos limites.

Reportage

Quelques jours après mon aventure, je reçois un coup de fil d'un journaliste. Il souhaite m'interviewer sur mon épreuve. Le journal local « Le courrier Picard » veut réaliser un reportage sur ce que je viens de vivre. C'est une petite fierté, je suis dans la peau d'un champion face à un journaliste pendant une heure. Je lui raconte la préparation, l'épreuve et l'après. Je ne sais pas qui a contacté le journal pour raconter mon aventure mais je suis très heureux de partager mon expérience. Mon récit reste souvent dans mon cercle de proches. Celui-ci sera lu par de nombreux lecteurs.

C'est une expérience très enrichissante avec un jeune journaliste qui s'est bien documenté sur l'épreuve. Nous sommes installés tranquillement dans l'herbe du stade d'athlétisme pour parler de mon passé, l'année qui s'est écoulée... Puis le journaliste me dit « On ne peut pas dire que vous êtes un sport addict... ». Le hasard fait bien les choses car c'est le titre de mon livre. Nous discutons de ce nouveau projet. Nous nous donnons rendez-vous pour un nouvel entretien au moment de sa publication.

A la fin de l'entretien, nous prenons une photo de groupe avec les athlètes présents lors de la séance d'entraînement du club. La coach Agnès me demande : « Comment font les autres athlètes pour aller en haut alors que toi tu t'es entraîné énormément et que tu restes en bas ? ». Je suis un sportif avec de bonnes capacités mais rien d'exceptionnel. Les top finishers ont un truc en plus qui font que ce sont des champions hors-normes.

Il est certain que des athlètes comme moi vont au sommet. Je pense que ceux qui habitent près d'un massif montagneux sont fortement avantagés. Ils développent des capacités musculaires en adéquation avec cette épreuve. Mais je pense surtout que le vélo ne doit pas être pratiqué comme je le fais aujourd'hui avec des coupures de quelques mois entre chaque compétition. Cette discipline est primordiale et doit être le cœur des entraînements. Mais à ce moment de ma vie, je ne peux pas faire plus que ce que j'ai fait pendant six mois. Mon addiction a été poussée à son maximum pour préparer cette épreuve.

Une addiction grandissante

Il est bien beau de me dire que je fais trop de sport. Mais est-ce réellement vrai ? Suis-je vraiment devenu un sport addict au cours des dernières années ? Avec mon esprit scientifique, je veux vérifier cette hypothèse par des chiffres. Avec les applications à ma disposition, rien de plus facile aujourd'hui.

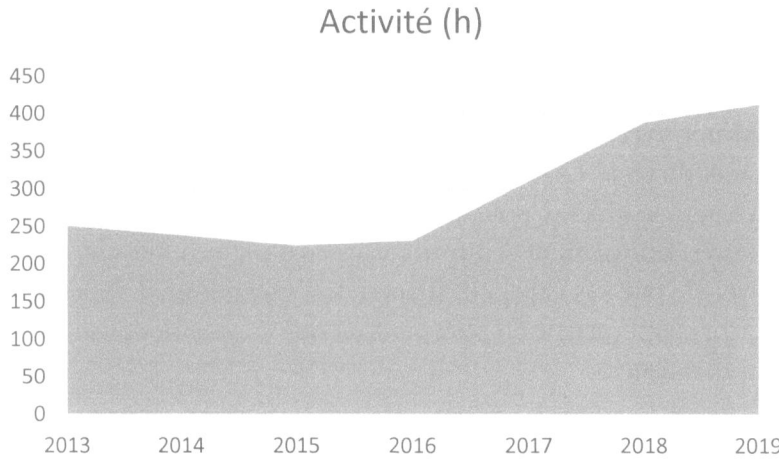

Le graphique est une preuve flagrante de ma dérive sportive depuis maintenant trois ans. Mon activité physique est passé subitement de 4h par semaine à 8h en cette année 2019. Donc je pratique en moyenne un peu plus d'une heure de sport par jour.

Le retour du cyclisme a contribué grandement à cette soudaine augmentation en 2017. Puis l'objectif très élevé de la cloche à l'Alpsman n'a fait qu'amplifier ce phénomène sur les deux dernières années.

Mais ce graphisme sur un an minimise mon addiction. Une analyse plus fine sur les cinq premiers mois d'entraînement avant l'objectif démontre que je suis devenu un véritable addict en cette année 2019.

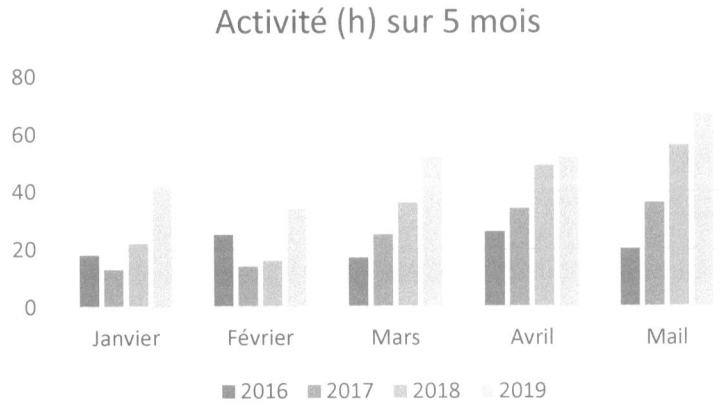

Une moyenne de 11 heures de sport par semaine, un pic de 67 heures sur le mois de Mai sont des chiffres qui me donnent le vertige. Tous les chiffres de 2019 sont en hausse. Avec ma vie familiale et professionnelle d'aujourd'hui, le sport est trop présent. Je comprends mieux ma fatigue et mon irritabilité des derniers mois. Il est primordial que cette augmentation incessante se termine afin que je ne tombe pas dans la bigorexie.

La bigorexie

La frontière entre la passion et l'addiction est difficile à tracer. Je pense que je suis à la limite. Je me considère tout de même plus comme un passionné que comme un addict. Durant une grande partie de ma vie, je suis un passionné. Puis à certaines périodes, je deviens un addict comme lors de cette dernière année.

La bigorexie est le nom donné à la maladie des personnes accroc au sport. Celle-ci se définit comme une dépendance à l'activité physique qui concerne les personnes devenues dépendantes par suite d'une pratique excessive du sport.

Je flirte avec cette maladie. Il m'est quasiment impossible de rester une semaine sans faire le moindre sport. Je suis tout de même capable de freiner à certaines périodes pour me regénérer. C'est pourquoi je me considère vraiment plus comme un sportif très actif que comme un bigorexique. Les personnes souffrant de cette maladie doivent faire du sport quotidiennement. Je suis capable de faire une journée sans sport dans la semaine... Lors des vacances ou lors de mes semaines programmées de repos, je diminue le rythme même si ces périodes ne sont pas faciles à gérer. Un manque s'installe.

A l'écriture de ce livre, je me rends compte que j'ai été un bike, love, gamer, running, Alpsman et Book addict. Je ne sais pas faire quelque chose sans m'y consacrer pleinement. Pour l'écriture de ce livre, je me lève régulièrement à 5h pour écrire les idées qui ont germé durant la nuit. D'autres flashs émergent durant mes trajets quotidiens en voiture et je me dicte des textos pour ne pas oublier.

Les sorties à vélo très matinales avec les copains ont été remplacées par l'écriture d'un livre sur mon histoire. Une addiction vient en chasser une autre au fur et à mesure de l'avancée de ma vie. Or un des risques lors du traitement de la bigorexie est de remplacer cette addiction par une autre. Donc je dois être à la limite de cette maladie. Les personnes qui me traitent parfois de fou sous un ton humoristique ne doivent pas être loin de la vérité. Une partie de moi espère ne plus trouver de nouvelle addiction pour me reposer enfin. Mais l'autre majorité de mon corps n'attend que le lancement d'un nouveau défi pour repartir de plus belle.

Mais nos addictions ne doivent pas nous faire oublier que nous ne sommes pas des professionnels. Le sport n'est qu'un loisir qui ne doit pas prendre le dessus sur la famille et le travail.

Le sport et le travail

Il m'a été raconté l'histoire d'une personne qui avait été démis de ses fonctions à cause du sport. C'était devenu une pensée viscérale. Son esprit n'était plus du tout au travail. Je pense que cette situation pourrait m'arriver si je ne me passionnais pas pour mon quotidien professionnel.

Etant travailleur indépendant, le travail est primordial pour ma part. Je n'ai pas le droit à l'erreur. Le sport et le travail sont sur un même piédestal. Je considère même que le sport est un atout précieux dans mon quotidien professionnel.

Le sport possède des vertus exceptionnelles pour se sentir bien dans sa peau. Il n'est pas anodin que les publicités nous rappellent à longueur de journée qu'il est conseillé de pratiquer une activité physique régulière. A chaque séance sportive, le corps génère des endorphines qui permettent de se détendre d'une manière naturelle.

Lors de mes séances à haute intensité, j'oublie complètement mes problèmes du quotidien. Je suis concentré sur mon effort. Le rythme cardiaque est si important que je n'ai plus le temps de penser.

Il n'est pas rare que mes séances cools du midi me permettent de débloquer une problématique sur laquelle j'ai péchée toute la matinée. Lorsque je cours, j'aborde le sujet avec une autre vision. Je ne suis pas figé devant mon écran d'ordinateur. La nature réveille d'autres sens. Je reviens avec de nouvelles idées qui sont souvent opportunes.

Le sport permet également d'améliorer nos défenses immunitaires. Je suis malade comme tout le monde mais je ressens moins les effets des différents virus. J'ai des rhumes, des états grippaux... Jamais rien qui me cloue au lit. Depuis que j'ai repris sérieusement le sport, je n'ai jamais loupé une séance sportive même si je me sens un peu fébrile. Donc je ne rate jamais une journée de travail. Si je suis capable de faire du sport alors je suis apte pour travailler.

Du point de vue de la santé, je ne suis pas toujours raisonnable. C'est le cas lors d'une séance avec les copains à Valenciennes. Je ne suis vraiment pas bien, je suis dans un état grippal bien avancé. Mais je suis au travail. J'effectue ma séance sportive quotidienne avec une accélération finale. Je suis incapable de suivre le rythme. Je termine à l'agonie. Ma journée de travail n'est pas très efficace mais je suis présent en faisant avec les moyens du jour.

Je pratique ce que j'appelle le sport performance. Je veux toujours améliorer mes performances et donner le maximum. Je suis dans le même état d'esprit au travail. Je souhaite être le meilleur dans mon domaine en apportant les solutions, débloquant les problèmes rapidement. Je considère mon travail comme une épreuve sportive. J'essaie donc d'appliquer la même rigueur. Le sport m'a inculqué des vertus que j'essaie de reproduire dans mon quotidien.

Le travail a des effets bénéfiques sur ma vie de sportif. Il permet également de ne pas être obnubilé par sa passion. A quelques jours d'une épreuve importante, notre esprit est tourné vers cet objectif majeur. Le moindre temps libre dans son esprit nous ramène vers cette épreuve. Le stress ne fait qu'augmenter. Le travail sur une problématique professionnelle permet de se détacher et d'occulter un peu cet événement.

Les deux sont complémentaires. Ils permettent un équilibre de vie indispensable. J'aurais aimé travailler dans le monde du sport en étant professeur de sport, entraîneur ou encore responsable de mon propre magasin. Le destin en a décidé autrement. Je peux m'avouer chanceux de pouvoir pratiquer autant le sport sans être dans ce domaine.

Mais l'avenir est fait de nombreuses surprises alors qui sait où je serais dans quelques années. J'ai des idées plein la tête qu'il faudrait mettre en pratique. Je manque malheureusement de temps.

En tout cas, je ne me vois pas avec une vie sans sport.

Mes angoisses

Très souvent, mon épouse me dit que j'ai une vie parfaite. J'ai la femme de mes rêves. Nous avons deux filles adorables comme nous le voulions. Nous sommes heureux. Je n'ai connu aucun problème de santé. Mon métier me passionne. Et j'ai la chance d'avoir participé à des épreuves extraordinaires. Comme tout le monde, des soucis du quotidien viennent ternir un peu cette vie de rêve mais rien de catastrophique.

Comme le dit la première citation de mon livre, je considère que j'ai déjà eu une vie bien remplie. Donc ma dernière sortie en boite, comme le dit si bien Laurent Baffie, ne me fait pas peur. Ma mort idéale arriverait en pratiquant le sport avec une petite crise cardiaque et tout est rapidement terminé. Mais nous ne choisissons pas notre fin de vie. Je ne sais pas également quand ma vie de sportif s'arrêtera. Et c'est surtout cette route m'amenant lentement vers ma mort sportive qui m'angoisse le plus.

Je me demande si je ne viens pas de vivre en 2018 et 2019 mes plus belles années sportives : un temps exceptionnel sur 10kms, la barre mythique des 3h sur marathon, mon premier ultra-trail et mes deux Alpsman. Je n'ai gagné aucune course encore à ce jour. Mais je viens de réaliser des accomplissements personnels fantastiques. La progression est extraordinaire entre mes débuts dans le cyclisme et le sportif que je suis devenu aujourd'hui.

Lorsque sur la toile, vous faites une recherche avec les mots clés Sylvain et cyclisme. Je n'apparais pas du tout dans les tops réponses. Vous allez tomber sur Sylvain Chavanel. Il a été un coureur français charismatique du cyclisme professionnel. Il vient d'y mettre un terme à l'âge de 37 ans. Nous sommes nés tous les deux en 1981. Pour les professionnels, c'est un âge où la retraite sportive sonne.

En effet, les performances ne sont plus les mêmes que lorsque le corps a 25-30 ans. C'est la période où nous sommes au top de nos capacités. Mais j'ai envie de croire que j'ai encore quelques belles années devant moi. Le marathonien rencontré à Paris de plus de 45 ans m'a dit qu'il lui restait deux ou trois cartouches pour battre son record. Il a réussi. Je pense aussi qu'il me reste encore quelques coups d'éclats à réaliser. Même si ces derniers sont comptés pour le sport performance. J'espère que ma pause sportive de plusieurs années a permis de préserver mon corps. J'aimerais profiter de cette jeunesse relative dans le sport pour battre encore quelques records.

Cette période où je pourrai continuer le sport mais en parlant de mes records au passé me fait peur. Les plus jeunes, qui restaient derrière moi avant, se retrouveront plusieurs minutes devant moi. Cette transition sera difficile mais je suis sûr que je me trouverai de nouveaux objectifs. Il le faut pour ne pas être découragé. J'espère garder la motivation de Cloclo pour continuer à me battre contre les concurrents qui seront de ma génération. Les records sur 5 et 10kms seront impossibles à battre. Mais le marathonien de Paris me donne une grande source de motivation pour les épreuves longues qui sont réservées aux anciens.

Il y a de nombreux exemples autour de moi qui me montrent que la performance à plus de 50 ans est encore possible. L'espoir est donc grand de pouvoir continuer encore de nombreuses années. Le plus difficile est de garder l'envie de s'entraîner. Je veux garder l'esprit qui m'anime aujourd'hui.

Actuellement, le temps me manque pour l'entraînement d'autres personnes. Je suis trop occupé par mes propres performances. Mais j'espère dans le futur avoir le bonheur de partager ma passion et mon expérience avec d'autres compétiteurs. J'ai envie de les faire progresser, les voir remporter leurs premières victoires, battre mes records… Je vivrai le sport au bord de la route ou des pistes par procuration mais avec toujours autant d'enthousiasme.

Ce processus de vieillissement est inéluctable et est déjà en route. J'ai encore de nombreuses choses à vivre avant de tourner la page.

Retour à la vie normale

A l'aube de mes 38 ans, je viens de vivre une année riche en événements. Je suis devenu un véritable sport addict. J'ai promis à ma femme que l'Ironman se conjuguait au passé. Cette épreuve demande trop de sacrifices. L'équilibre familial/sportif/professionnel est difficile à maintenir. Mon épouse sait que mes paroles sont vaines et que je croise les doigts quand je lui dis ceci. Elle croit en une petite pause. Elle sait que je rêve à d'autres épreuves mythiques qui demanderont autant d'investissement. Notre ami Christophe veut se lancer dans son premier triathlon XXL. Elle se dit que je vais l'accompagner.

Juste après ma dernière épreuve l'Alpsman, j'ai le petit blues du sportif. J'ai toujours cette petite période après le gros objectif. J'ai besoin de souffler, de pratiquer le sport de manière moins intensive mais ça ne dure jamais longtemps. Car je sais que sans souffrance à l'entraînement, il n'y aura plus de performance dans le running.

Donc deux semaines après la fin de l'Alpsman, je suis déjà aligné sur la petite course de 3kms à la Corrida de Péronne. J'aurais pu me contenter de participer au 10kms avec mon épouse. Mais la tentation est trop grande de briller. Je m'aligne sur cette course avec l'envie de gagner. C'est un exercice très différent d'un Ironman.

C'est une épreuve pour les jeunes qui partent comme des fusées. Je prends la tête à mi-parcours. Je vais enfin gagner ma première course mais un concurrent me double. Il met une accélération qui m'est fatale. Toujours pas de première place mais je suis très satisfait de cette rentrée qui est très violente. Je discute avec le vainqueur qui a des références chronométriques nettement meilleures que les miennes. Je n'ai donc aucun regret. Il y a deux semaines, j'étais sur le marathon avec une moyenne d'à peine 8km/h. Je me déchire à plus de 17km/h pour décrocher la seconde place. C'est un choc pour l'organisme. Mon corps accepte ce bouleversement. Donc les objectifs à court terme sont trouvés.

Je veux battre mon record sur 5kms de 17'15 puis passer la barre symbolique des 35 minutes sur 10kms. Ce challenge est difficile car l'âge avance. Je me crois encore capable de le faire. Tout le monde me dit que cela va être de plus en plus ardu sur ces distances avec l'âge. En effet, nous devenons plus endurants mais l'explosivité diminue.

Je dois remettre le bleu de chauffe sur les entraînements. Afin d'aller plus vite en course, il faut inévitablement que je sois plus rapide. Le gain de vitesse sera lié à des séances avec encore plus d'intensité sur tous les fractionnés. Je dois pousser mon moteur jusqu'au rupteur pour gagner encore quelques tours/minute.

Ces séances sont vraiment difficiles physiquement et mentalement. Mes collègues de travail ne sont pas à ce niveau d'intensité. J'effectue donc tous les entraînements difficiles en solo, ma montre comme seul compagnon. Il y a certaines fois où je remplacerais bien ma séance de torture par une petite promenade. Mais je sais que la réussite passe par cette violence. Il ne me reste pas beaucoup de cartouches sur du court pour réaliser des performances. Je vais donner mon maximum.

A plus long terme sur le running, je souhaite battre mon record sur semi-marathon mais surtout sur marathon. J'ai franchi la barre des 3h que beaucoup de coureurs ne franchiront jamais. Mais j'en veux plus. C'est une course qui ne gêne pas les quadragénaires. Cette distance deviendra donc mon épreuve de prédilection dans un futur proche. Le rêve serait de gagner encore 15 minutes pour franchir les 2h45.

Les épreuves partagées avec mon père me manquent. Même s'il était là sur le bord des routes pour l'Alpsman, nous n'étions pas ensemble côte à côte en train d'en suer. Je veux écrire de nouvelles pages de notre histoire avant qu'il ne soit trop tard. Les anciens de plus de 70 ans continuent de rouler mais il n'est plus question de participer à des épreuves légendaires comme l'Etape du tour ou le Roc Azur. Mon père a dépassé les 63 ans. Nous pouvons encore partager quelques bons moments avant qu'il passe au vélo de route électrique... De nombreuses épreuves proches de la maison sont légendaires. Les futurs cadeaux de Noël sont trouvés. Je veux juste y participer sans être à la recherche de la performance. En effet, je ne souhaite plus consacrer autant de temps au cyclisme pour le moment.

Je l'avais pourtant rejeté de nombreuses années mais le triathlon est maintenant bien ancré dans ma vie. Je n'arrive pas à me dire que je vais le laisser de côté. Je vais continuer mais sur des formats plus courts. Un nouvel Ironman n'est pas au programme. Pourquoi ne pas retenter Gérardmer une seconde fois. Je n'irai pas pour le plaisir mais évidemment pour battre mon chrono de la précédente édition.

2020 sera une année sportive classique avec la course à pied en fil conducteur. Cependant, j'ai encore envie d'écrire un peu plus mon histoire avec d'autres aventures légendaires.

Sur la lune

Notre beau pays recèle de merveilleux paysages et d'évènements sportifs. Beaucoup de coureurs sur route rêvent de Londres, New-York, Berlin… mais moi non. Je ne suis pas attiré par un marathon à l'étranger. Ce n'est pas une épreuve où on profite d'un environnement à couper le souffle. Donc mes rêves se trouvent en France même si une épreuve comme le marathon des sables est très tentante.

La Corse me fait rêver. Tout particulièrement le mythique GR20 qui permet de traverser l'île du Nord au Sud. Je souhaite partager cette aventure avec mon ami Christophe. Un collègue de travail et des amis du club d'athlétisme ont déjà réalisé ce sentier de grande randonnée. Il est à la fois magnifique et effrayant à certains passages. Le but serait de le réaliser avec une touche sportive. Le parcours de 180kms avec 11000m de dénivelé est découpé en étapes qui correspondent à une journée. Le but serait de réaliser deux étapes par jour pour y mettre un petit challenge sportif. J'ai hâte de me lancer dans cette aventure sans aucun objectif chronométrique. Le but est de profiter du spectacle grandiose.

Quand je pense ultra-trail mythique, quatre lettres viennent immédiatement à mon esprit UTMB[4]. Cette épreuve qui se déroule tous les ans au mois d'Août permet de faire le tour du Mont-Blanc grâce à un trail de 171kms et 10000m de dénivelé. Il n'est pas facile d'en venir à bout. La première étape difficile est la qualification à cette épreuve. En effet, il faut participer à des courses difficiles pour marquer des points. Après avoir obtenu le nombre de points requis, nous sommes éligibles à l'inscription. Et il faut ensuite être chanceux pour le tirage au sort effectué parmi tous les prétendants. Il est possible de retenter l'inscription chaque année à condition d'avoir toujours assez de points qui sont valables uniquement deux ans. On est certain de participer à l'épreuve lors de la 3ème demande consécutive.

Cette épreuve me fait rêver mais ce côté aléatoire de l'inscription m'agace. Je pense être capable d'être finisher sur les épreuves préparatoires et d'obtenir les points sans une

---

[4] Ultra-Trail du Mont-Blanc

grosse préparation. Les récits et les vidéos de l'UTMB font frissonner et ne font qu'attiser mon envie. Ma plus grosse épreuve est l'Alpsman avec 16h non-stop. Ici, on frôle le double. Je suis effrayé de passer au minimum une nuit en montagne. Des concurrents font des hallucinations tellement la fatigue est importante. Certains voient le père Noël. D'autres sont attaqués par des serpents. Participer est un parcours du combattant. Terminer cette épreuve est un exploit que j'espère accomplir un jour.

Mais devinez ce qui hante mes pensées quand je pense au triathlon. Je viens d'effectuer deux fois cette épreuve et d'échouer deux fois à sonner la cloche. Pourtant, je me rêve encore allant au sommet du Semnoz et entrer dans la légende. Je ne me vois pas faire un autre Ironman que celui-ci. Il y a quelque chose qui m'attire dans cette épreuve que je ne saurais pas expliquer. Je pense que le fait que celle-ci me résiste m'incite encore plus à y retourner. L'ambiance du bateau, le plongeon dans le lac, l'épreuve digne du Tour de France et cette fameuse cloche rendent cette épreuve unique. Je ne retenterai peut-être jamais cette course. Mais je continuerai à la suivre chaque année, à lire les récits des différents triathlètes qui ont tenté l'aventure.

« Un jour, j'irais au sommet, un jour, j'irais
Et si j'disais que j'en étais sûr, j'te mentirais
Et je sais qu'il me voit
Parce que je le vois aussi
Alors je le montre du doigt
Et ça devient possible »
Sylvain Leloir – Sur la Lune (Réécriture)
Original Big Flo & Oli

Le sport addict que je suis n'en a pas fini avec ses aventures. Rendez-vous dans quelques années.

Dernière ligne droite

Ma préparation pour ce livre est terminée après un plan d'entraînement suivi à la lettre et quelques séances réalisées au feeling. Je viens de donner le meilleur de moi-même. Je suis stressé par le résultat sur la ligne d'arrivée. Je me présente sur la ligne de départ avec la même angoisse que lors de mon premier Alpsman. J'ai hâte que mon livre soit lu pour que la pression retombe. Je n'ai jamais eu de victoire en course après de nombreuses années d'entraînement. Je ne pense donc pas obtenir un prix pour ce premier récit. Mais je vais jusqu'au bout de ce projet comme dans le sport.

J'aurais pu ne pas me présenter sur cette course et garder cette préparation pour moi-même ou pour mes proches. Je me dévoile. Je partage mon point de vue sur le sport avec toute sincérité. Mais je me dis que notre vie de sportif doit être partagée avec le plus grand nombre. Que notre quotidien qui semble si banal ne l'est pas et que nous vivons des aventures extraordinaires.

Ce n'est pas mon livre mais notre livre.

REMERCIEMENTS

Lorsque je me suis lancé dans cette idée folle d'écrire un livre, j'ai reçu de nombreux encouragements pour aller au bout de mon projet.

Je remercie toutes les personnes qui m'ont incité à ne pas renoncer, mon père pour avoir regroupé toutes les archives et pour son incroyable enthousiasme, mon dessinateur belge préféré Damien pour ses remarquables illustrations, Julie et David pour m'avoir fait connaître le monde de l'édition même si ça n'a pas abouti par la voie classique, Lionel pour son week-end entier consacré au montage de la photo pour la couverture du livre, tous les lecteurs qui vont aller au bout de cette aventure.

Je tiens à remercier particulièrement mon épouse pour sa lecture et ses remarques sur les versions laissées sur sa table de chevet, Nathalie et Christophe qui m'ont permis d'élaborer la version finale en délaissant quelques soirées amoureuses, mes premiers lecteurs Mauricette, Jean-Manuel, Nadine et Philippe qui ont passé de nombreuses soirées sur cet ouvrage, ma voisine d'enfance Fanny qui a pris le temps de me donner son avis professionnel de journaliste.

Un énorme clapping pour mes premiers bêta-lecteurs qui ont permis d'arriver à cette version :

- Mon ultra-trailer inconnu, Martial, qui a été direct avec moi et m'a permis d'aboutir à une version plus « sport addict »,
- Olivier, une connaissance de travail et sportif également. Il a été d'un enthousiasme incroyable dans cette tâche,
- Ludivine, blogueuse du site « http://www.chroniques-d-une-marathonienne-bretonne.com », sportive et passionnée de lecture. Sa critique touchante m'a prouvé que mon objectif était réussi.

PROLONGATION

Pour arriver à cette version finale, une bonne partie a dû être coupée au montage. Avant mon accident de moto, j'ai également eu une vie normale que je vous propose de découvrir dans un extra « Sport Addict – Le prologue ».

Vous y découvrirez mon enfance, mes débuts dans le sport, mon arrêt sportif... Le sport est toujours le fil conducteur dans ce bonus mais on y découvre une partie plus intime de ma vie.

Pour obtenir ce bonus, vous pouvez me contacter via mon mail sylvain.sport.addict@gmail.com ou via ma page Facebook. Eh oui, j'ai cédé aux réseaux sociaux pour l'écriture de ce livre. C'est un formidable outil pour faire la promotion de ce projet. Et c'est surtout un moyen d'échanger avec tous les lecteurs que j'espère nombreux.

Table des matières

SAS DE DEPART .... - 11 -

LE TOURNANT .... - 13 -

MON PRECIEUX .... - 41 -

ALPSMAN - DECOUVERTE .... - 73 -

SAINTELYON DANTESQUE .... - 123 -

ALPSMAN - LA CLOCHE .... - 143 -

ET MAINTENANT .... - 219 -

DERNIERE LIGNE DROITE .... - 240 -